JN119642

新潟県民俗芸能見聞記

新潟県民俗芸能見聞記〔目次〕

序にかえて

私がはじめて綾子舞に接したのは、確か昭和二十八年の夏であったかと思う。当時、室町時代の小歌の研究に没頭していた私は、小歌の解釈に四苦八苦していた。例えば、倭寇以来、日本の脅威に対処して、中国では日本の研究が盛んであったが、その一つ、日本の民謡を収録した本が『全漸兵制考日本風土記』の名で刊行された。その山歌の項に、

夜憶故交
過宿那箇揺兮外何多多禿捏打
箇獨世那箇揺兮外黄俺密獨捏打
南尼那只挨下老和多捏里
黄俺密外和一多湿那

去年の今宵はおとと寝た
今年の今宵は殿と寝た
何の違いやらのう
おとより我が身はおいとしの
（浅野建二校註『室町時代小歌集』新註国文学叢書）

というのがあるが、これがなかなか読めない。他に類歌を探してみても出てこない。ところがたまたま綾子舞の踊歌にこの類歌のあることを知ったのである。それは、

去年今宵は父(とと)と寝た
今年今宵は殿と寝た
何処の違いやらのう
父より殿がなおいとし
ハイヤ　小原木々々々

（小原木踊）

という小歌で、前の日本風土記の山歌と全く大同小異なのである。
ただ、これは後年わかったのであるが、既に歌謡学者として著名な藤田徳太郎が、「越後の綾子舞」（ひだびと）の中で指摘しているところで、発見したと喜んだのも束の間、学問の恐ろしさを知らされた一件でもあった。しかし、そのことはともかく、このようなことがきっかけで、私の綾子舞についての現地採訪が始まったのである。

ところが、いざ現地採訪となると、これまでそのようなことをしたこともない全くの未経験である私にとって、それからいくつかの障害に突き当たることとなったのである。私が突き当たった障害の先ず第一は、国文学を、それも文献をもとに勉強し始めた私にとって、芸能という世界は全く未知の世界であったことであった。ご承知のように芸能は、人が舞台という制約のもとに、音曲、舞踊、詞章をもって表現する空間芸術なのである。したがって、そのうちの一つを欠いても芸能の完璧なる理解は望めないということである。その上、こと民俗芸能となると更に歴史的・地域的背景や民俗的なそれぞれの制約のあることを知っておかなければならない。しかし、そうしたことに全く不案内な私にとっては、調査に入るには入ったものの、どうしたらよいか皆目見当がつかない。そこでやむなく数多く現地へ足を運ぶこと、そして現地の風土や人々の暮らしなどにふれることにより、より土地の人々の心に近づこうと心に決め、綾子舞調査は始まったのではあるが、しかしその時はまだ、この芸能研究に私の生涯をかけようなどとは思ってもみなかったのである。

一、綾子舞

昭和二十八年の夏、私は、予め文献をあさるとともに、柏崎市在住の芸能研究家桑山太市翁のお宅を訪ね、綾子舞の概略について予備知識を得て現地に向かった。

柏崎から約十六キロ、刈羽郡黒姫村（旧鵜川村・現柏崎市）女谷、それが綾子舞を伝える集落である。女谷は五つの小字に分かれ、綾子舞はこのうち下野（しもの）と高原田（たかんだ）の両集落で行われている。もちろん明治期にはこの女谷のほかに、女谷よりやや鯖石寄りの折居集落や、また村の西方柿崎町（現上越市）黒岩に隣接する市野新田でも伝承されていたという。

私はまず綾子舞の指導者であり、また伝承者の中心的役割を果たしていた下野の高橋時中さんを訪ねた。当時まだ、綾子舞は現在のように統一されておらず、下野は高橋時中を座長に、また高原田は猪俣時治を座長として、互いに派を争い、技を競っていた。それだけに芸も今日以上に立派で、見ごたえもあったように思われた。

私は、高校時代の友人堀井祐二君の家にご厄介となり、約十日間、綾子舞関係者はもちろん、暇をみては集落から集落へとその地理的環境を探るとともに、出来る限り村人に接して聞き書きを試みた。芸能の研究にとって、その歴史的背景が大切であることはもちろんであるが、その地理的環境、住民意識というものが、如何に大切であるかということを知ったのはかなり後のことではあるが、その時は、〝盲目蛇におじず〟で、ただ無我夢中に聞きまくり、歩き回ったのであった。こうして若さに任せた採訪経験が、この後の私の芸能研究に大いに役立つところとなったことは言うまでもない。

かくてまとめられたのが拙稿『室町時代小歌と綾子舞との関係』（昭和31）であり、「綾子舞研究―現存せる曲目について―」（『国語研究』第五集）である。踊り歌十一、囃子舞二十二、狂言三十三、これが今日わかり得る

綾子舞　小原木踊

伝承曲目の全てである。

一般に、綾子舞といわれるこの芸能は、その内容を形態の上から一応踊り歌、囃子舞、狂言の三種類に分けることが出来る。いわば「綾子舞」という呼称は、これらの芸能の総称名ということが出来よう。

どうしてこの芸能に綾子舞という名称がつけられたのであろうか。それには次のような説がある。

その昔、越後の管領職であった上杉房能（ふさよし）が、その臣長尾為景（ためかげ）に攻められ、松之山郷の天（あま）水越（みずこし）で自刃して後、奥方綾子をはじめ老幼婦女子が、佐橋荘（鵜川村）に潜居して伝えたため、その奥方の名をとって綾子舞と呼ぶようになった（下野に伝わる由来）とも、また都七条坊門の娘あやが、北野天神の神託により、綾を着して舞った（高原田に伝わる由来）ために、その名がつけられたといわれが、実際には、京都四条河原で小屋掛け興行した阿国歌舞伎や、その後の女歌舞伎踊の演目に小原木踊などとともに、「ややこ」の曲名がみられるので、どうもその「ややこ」が「あやこ」に転じ、女谷に伝わる歌舞の総称名となったものと考えられる。因みに綾子舞の踊り歌をつぶさに検討してみると、「ややこ」と大同小異の歌詞が、綾子舞「常陸踊」の曲名でうたわれているのが注目されている。

日も暮れぐれに　志賀の山を急がんと
花に宿とれ　竹に鶯　シャンシャンシャンシャン

常陸細帯三重まわる　締めてまわせば四重まわる

しわこ（塩飽）船かよ　きん（来）君待つは　梶をおさえて名乗り合う

古巣の鳥は小歌で返す　さてその後は　一踊り
もんどのやれ　しゃんなら　しゃんなら　シャンシャンシャンシャン

（常陸踊）

綾子舞の由来については、これまでかなり多くの人々によって検討が試みられた。郡司正勝の「阿国かぶきの村を訪ねて」（『演劇界』昭和32）、服部幸雄の「綾子舞試考」（『間』昭和32）、後藤　淑の「綾子舞由来に関する一つの史料」（『芸能復興』昭和32）、拙稿「綾子舞覚え書―伝承経路をめぐる問題点」（新潟大学『国文学会誌』昭和35）がそれであるが、もちろん、その発生や由来については、しかとしたものはわからない。しかしおぼろげながらではあるが、この女谷が慶長年間以降、佐渡相川金山を求めて北陸道を下向したと推定される女歌舞伎踊一座の通り道に当たるところから、これらの人々により伝えられたのではないかという結論に到達しそうなのである。

踊り歌の演目は十一曲目。下野集落と高原田集落とでは多少異なるが、おおむね共通の曲目を伝承している。ただ、両者の相違を示せば、例えば、踊り子は下野三人、高原田二人を定数とし、頭にユライと称する赤い布をかぶることは両者共通であるが、その結び方が異なることと、高原田の「小切子踊」のみその上に天冠をつける。衣装は、下野では振袖の着流し、高原田では緋の袴をはく。高原田の小切子踊以外は、それぞれ手に扇を持つ。いわゆる「歌舞伎草紙絵巻」に見られる踊り姿なのである。

綾子舞が演じられるのは、もともとは農閑期の旧三月頃、刈羽郡や中頚城郡一円を広く回り、家々に招じ入れられては、座敷の一間を舞台として、村人たちを大勢集めて演じられたものであるが、現在では毎年九月十五日の村の鎮守黒姫神社の祭礼の日に境内にしつらわれた仮設舞台で奉納されている。現在ではかなり芸が衰えたが、それでも小原木踊、常陸踊、小切子踊等は比較的よく公開される演目である。

踊り歌はすべて「さし」、「本歌」、「終の歌」に分かれ、さしは序の歌、出端であり、本歌は幾つかの小歌よりなり、これが中心部である。そして終の歌は入端で、決まって「あれ出てみさい」とうたう。かつて芸の伝習は口伝で、稽古時には歌詞のメモをとることさえ禁じられていたという。従って稽古風景を他の集落の者に盗み取られることを嫌って、稽古場を全て蓆（むしろ）で覆っての練習だったと聞く。

扇には、それぞれ型があり、ナゲ扇、カザシ扇など、小原木踊を例にとっても現在なお十数種の型が決められている。また踊りは、たとえどのように踊っても三枚の畳の外に出てはいけないし、もちろん畳の縁を踏むことは固く禁じられていたが、現在では、後継者

綾子舞　小原木踊

に配慮しているせいもあってか、これまでの厳しい戒律も次第に薄れつつあることは惜しまれる。

囃子舞は、一人舞である。舞というよりむしろ踊り的性格が強く、物まねを主体とする狂言から独立したもののようである。大小の太鼓、六孔の笛、小歌などの囃子につれ、踊る姿はものまねを主として演じる綾子狂言に近いものがあり、その足の運びには興味深いものがある。現在「亀の舞」「猩々舞」など二十二曲目が推定される。

綾子狂言「海老すくい」をはじめて拝見した時、私は大変驚きを感じた。それは、以前読んだことのある『新猿楽記』(藤原明衡)に「蝦疑蝦漉舎人之足仕(ヅカヒ)」という文言があったことを思い出したからである。

狂言「海老すくひ川」は、松永貞徳の『淀川』雑の部に、

若きも腰のかがみこそすれ
海老の子は生まれつきより親に似て
のそきてみるは八ッ橋の下
「えびすくひ川」といふ狂言にあり。

とあるが、もはや古狂言に属し、中央からは早くに廃絶し、わずかに狂言「名取川」によって、その所作の大要を類推するに過ぎなかったのである。それが、今眼前で、しかも素朴な農民によってその「足仕」の面白さを再現して見せてくれたのである。

「これは侍、明日は客来を求むること、何にも事を欠かんが、鎌倉海老にハッタと事を欠いてある」にはじまる、この綾子狂言「海老すくい」は、極めて単純な筋の運びではあるが、それだけに狂言小歌の面白さと踊りの所作に見せ場をつくっている。いわば発生当初の「物まね」を主とした古狂言の姿なのである。

綾子舞には、今日三十三番の狂言の曲名を

綾子舞　囃子舞　布晒し（下野）

伝えている。しかし、実際に演じられるのは六、七番程度である。それらの悉くが、「海老すくい」に見られるような趣向ではもちろんないが、概して小歌を聞かせるものが多く、「布晒し」にしても、「烏帽子折」にしても室町時代に流行した小歌の味を素朴ながら忠実に伝えている。従って綾子狂言は、近年発表された『天正狂言本』等とともに古狂言研究には欠くことの出来ない資料であり、しかもその所作を比較的忠実に伝えている点、正に生きた芸能史料といわざるを得ない。

以上綾子舞の概要について説明してきたが、私は、この芸能にすっかり魅せられるところとなり、女谷へ通うこと十数年にも及ぶところとなった。汲めども尽きない芸能、それは綾子舞という芸能である。

二、角兵衛獅子

新潟県庁前から電車で約五十分、そこが角兵衛獅子のふるさと西蒲原郡月潟村（現新潟市南区）である。

私が、はじめてこの地を訪れたのは、昭和三十八年五月のことで、第五回関東ブロック一都十県・民俗芸能大会の開催が静岡県に決まり、その出演依頼のためであった。

私は以前から、一度この地を訪れてみたいと思っていた。それは、数ある新潟県の伝統的芸能の中で、越後の風土が生んだ唯一の芸能であるからであり、しかもこの芸能を通して、越後芸能の特性の一端を垣間見ることが出来るのではなかろうかという、いささかの望みがあったからである。

新潟交通月潟駅に下車した私は、あらかじめ約束した時間にはかなりの間のあることを知り、まず角兵衛地蔵尊を訪れてみた。

角兵衛地蔵尊といっても、月潟駅に隣接した地にある小さなお堂である。昭和十一年、この地に鉄道を敷設することとなり、駅の工事を始めたところ、土中から掘り出された地蔵尊をここに祀ったのだという。しかし、実際には駅を中心に今の位置とは反対の地にあった地蔵尊を、工事完了と同時にこの地に遷したというのが真相のようである。ともあれ、旅で亡くなった獅子の子たちを供養したのがこの角兵衛地蔵である。

次いで、私は明治末年まで角兵衛獅子の興行を行なったという白山神社を訪ねてみた。かなり広い広場を持った立派な社であった。

「この広場に小屋掛けして角兵衛獅子をやったのを、子供心にも憶えています。ほれ、あそこの杉の木から、こっちにこう綱を張り…」と、台風のためであろうか、幹が途中から折れ、無残な姿を呈している広場の杉の大木にカメラを向けている私に、もの珍し

月潟白山神社祭礼

げに近づいて来た八十歳くらいの老婆が教えてくれた。

「角兵衛獅子が興行される時には、決まって櫓の上から、カーンという甲高い音のするふれ太鼓が鳴ったものです。」とも聞かせてくれた。

親切な老婆の声を後に、私は約束の午後一時に角兵衛獅子保存会の事務局となっている料亭「久元」に青柳良太郎会長を訪問したのである。

青柳さんにお会いして、私のこれまでの角兵衛獅子観を全面的に変えなければならないことに気づいた。しかし、そのことは何れ機会を改めて述べることとし、ここでは、現地での私の見聞をもとにその由来から述べてみ

角兵衛獅子

たいと思う。

〝角兵衛獅子小遺帳につけられて〟

月潟生まれの角兵衛獅子研究家岡本賢太郎によれば、この句は俳諧『金砂子』（宝暦元年）に載っているもので、角兵衛獅子という語の文献における初見という。果たして角兵衛獅子の起源は何時のころのことであろうか。

角兵衛獅子の起源は、地元月潟の人々に語り継がれた伝説によれば、水戸の浪士角兵衛という者が、月潟に住んでいたが、ある時、何者かに殺されたので、親の仇を討つため、その子角内、角助兄弟が、仇は足の指を噛み切られ、無いことを知り、逆立ちをすることを考案し、「あんよを上にして、あんよの指の無いものを気をつけて見よ」と衆人の間をうたい囃しながら不倶戴天の仇を尋ねて諸国を巡り歩いたのが、その始まりであると伝えているが、その説はにわかには信じ難い。

私たちは、角兵衛獅子の発生を考える上で、まずもって角兵衛獅子のふるさとという月潟村及びその周辺地域の村落構成や度重なる水害を惹起した中之口川を中心としたこの地方の人々の生活や生き方を考えてみる必要があろう。

小田島允武（まさたけ）の『越後野誌』に「月潟辺は中の口川に瀕し、年々田畑水損多く生活の道立ちがたき処なりしを以って、応永年中、同村農民角兵衛という者之を憂い、子供に獅子舞を教えて農業の余暇諸方を回り勧進せしめたる元祖とす」とあるのは、なお疑問となるべき点は多々あるが、角兵衛獅子の起源を考える上で注目されなければならない。

ともあれ、角兵衛獅子の発生年代は詳らかにはされないが、その芸態、口上等を考え、蒲原地方に伝わる風流の獅子舞、すなわち獅子踊りを基調とし、出稼ぎという生活条件ともあいまって江戸時代末期から明治時代の初期に見られる軽業芸にまで育て上げていったプロの芸能集団であったといえよう。

角兵衛獅子の技芸には、一人芸、組芸、八つ枕の芸の三種類がある。一人芸というの

角兵衛獅子　水車

は、獅子の子が一人で行う、いわゆる風流獅子の特色である一人立三匹獅子に属する芸で、「亀の子」「俵転ばし」「青海波」などがある。組芸は、一人芸に対し、二人芸、三人芸ともいわれ、二人以上の人が組になって行う芸である。組芸には今日「人馬」「唐子」「淀の川瀬の水車」「金のしゃちほこ」などが行われている。そして八枕の芸については、今日全く伝承されていないが、いや伝承されていないというより、昭和八年に公布された「児童虐待防止法」によって角兵衛獅子の芸団が解散を余儀なくされたためで、伝承者を養成出来なかったといった方がよいかもしれない。従って八つ枕の芸は、今ではわずか明治初期に発行されたちらしの版画や、北方文化博物館（旧中蒲原郡横越村）に陳列されている「八つ枕」「桝」及び「軸物」の絵などによって往時の技芸を推測するほかはない。その芸は、「紙わたり」「綱渡り」「四ツ綱」「桝積み」「鐘巻道成寺」などがその主な芸で、角兵衛獅子が最も隆盛を極めたときには二七六曲の多きを数えたと伝えられている。現在の軽業の元祖と考えれば、先ず間違いなかろう。事実、明治期には、角兵衛獅子は「大軽業」と称して地方を巡回していたのである。しかも、その行動範囲も広く、北は樺太から南は沖縄まで、座元によりその巡回の経路も決まっていた。現在、唯一人の巡業経験者であり、芸の伝承者・指導者である渡辺寅之助は、主に東北方面を巡業したという。

ところで、八つ枕の芸は、角兵衛獅子の芸では奥儀ともいわれる極めて至難の芸で、年少者はこなし切れず、獅子の子を終了した十五、六歳の若者によって演じられた。例えば、「紙わたり」の芸について、渡辺さんは次のように説明している。

紙わたりは、幅一尺位の和紙を障子紙のように継ぎはぎしたもので、ただその上に乗れば切れてしまうが、その中心を歩けば絶対にきれないものである。だから種も仕掛けもないもので、それを証明するために渡り終わったら必ず足の親指を横にずらして紙を切って見せるのである。

と。そのバランスのとり方の難しさと熟練度が想像できよう。

私がはじめて渡辺寅之助さんを知ったのは、昭和三十八年五月のことであった。月潟村の角兵衛獅子保存会を訪れた時、料亭「久元」の二階では丁度角兵衛獅子の練習中であった。浅黒く陽にやけた顔、迸るような気魄のこもった口上は今でも私の心に深く刻まれ、印象深いものであった。

当時渡辺さん六十四歳。角兵衛獅子の親方の家に生まれ、幼少の頃から獅子の子として主に東北地方を巡業したが、普通の獅子の子とは異なり、比較的苦労も少なく、恵まれていたという。しかしその芸の厳しさからくる姿は、並々ならぬ修練の跡が見られる。

昭和十一年、青柳良太郎さんが角兵衛獅子の復興と保存を考え、保存会を結成したおり、逸早くこれに参画し、自らの経験を生かし芸の指導に当たる。恐らく渡辺さんがいなかったら今日の角兵衛獅子を見ることは出来なかったであろう。それというのも、先に紹介したように、昭和八年に制定された「児童虐待防止法」により、実質的には角兵衛獅子は解散を余儀なくされたからである。

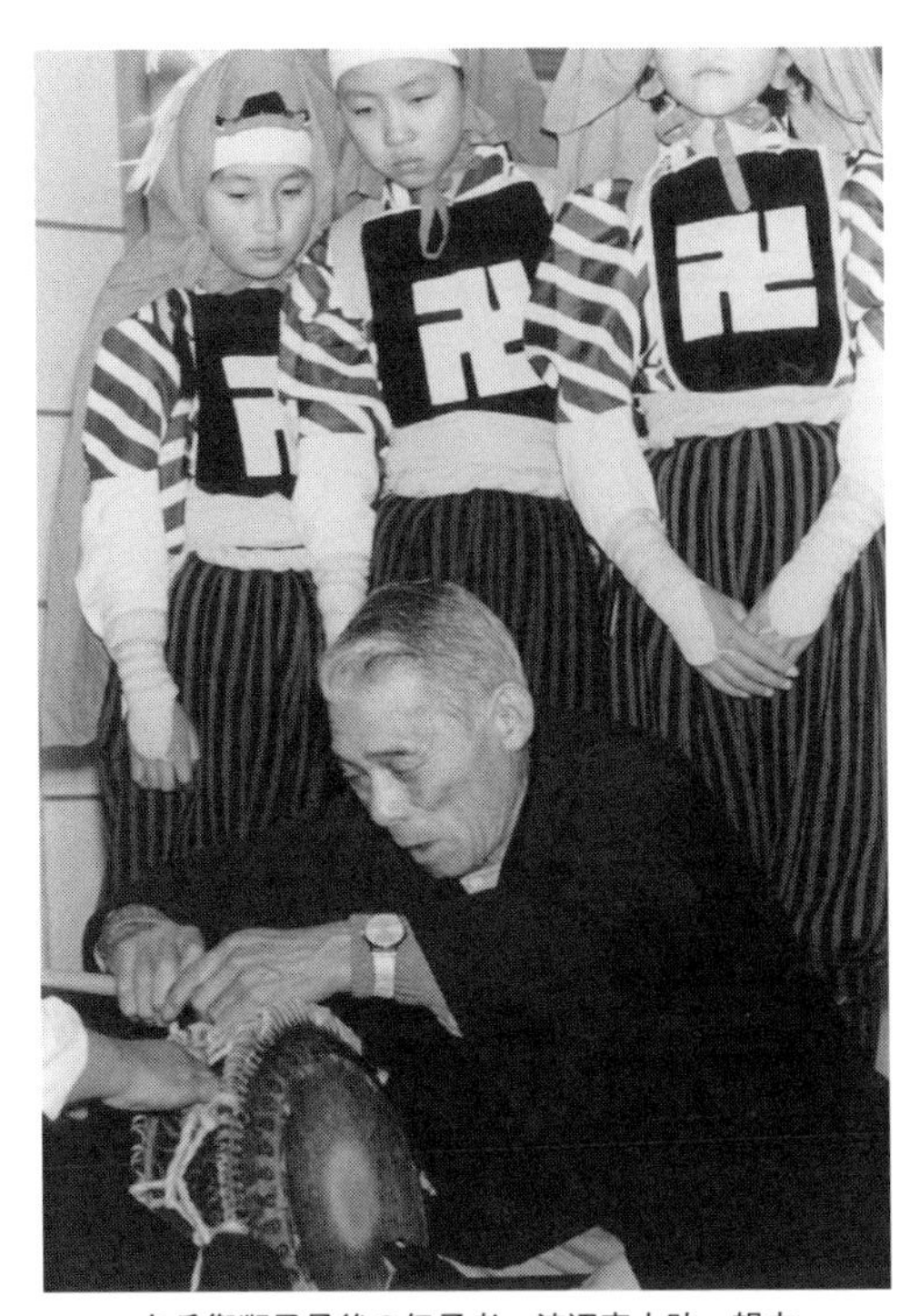
角兵衛獅子最後の伝承者　渡辺寅之助　親方

渡辺さんも、角兵衛獅子解散後は役者の世界へも足を踏み入れたというが今でも酒で酔いがまわると、なかなか器用に物まねをしたり、また、メリハリの効いたセリフも語るという。芸を捨て切れなかったためであろう。あの小さな蚊の鳴くような声で、舞台に立つとよくもこんな声がと驚かされるが、渡辺さんの苦労の賜物と、こうした役者としての修練もあったのであろう。

渡辺さんには、もう一つ他に比定できない芸を持っている。それは太鼓の撥さばきである。約二貫目（八キロ）、ずっしりと重みを感ずる締め太鼓を左手にそれをやゝ斜めに支え、同じく左の手の指に挟んだ撥で小刻みに太鼓を打つ右手の撥の音の間にさざ波のように打った手の撥さばきは、口上とともに角兵衛獅子に光彩を添える、正に名人芸である。

角兵衛獅子は渡辺寅之助さんとともにあるといっても過言ではあるまい。残念ながら、それはまた角兵衛獅子が渡辺さんとともに消滅するということをも意味するのである。

角兵衛獅子の保存は今後どうあるべきか。このような大きな問題を抱えながら毎土、日曜の両日稽古は進められているのである。

三、根知山寺の延年

延年という名称は、「遐令延年（かれいえんねん）」ということばに由来する。「遐令」とは長寿のことである。芸能によって心を和らげれば、寿福増長の基になるところから延年と呼ばれ、奈良、京都の諸大寺で、法会のあとで余興として演じられた歌舞遊宴であるが、その源流は神社の直会（なおらい）行事に発したもののようである。

越後の延年のあることは、早くに桑山太市や本田安次博士等の報告でわかってはいたが、私が実際にその芸を拝見したのはその後のことである。昭和三十九年の八月三十日から九月二日まで、桑山さんのお伴をし、その基礎調査を試みたのが最初であった。

糸魚川市大字山寺、そこが「根知山寺の延年」を伝える集落である。根知山寺の延年は、土地ではこうは呼ばない。「おててこ舞」、もしくは「おててこの舞楽」と呼ぶのが通例で、根知山寺の延年の名を冠したのは、かつて本田安次博士がこれを調査し、その形態が延年形式を有しているところから、『越佐研究』第十二集に「根知山寺の延年」と題する報告したことからその名称がつけられたようである。従ってそれから十余年経った今日でも、なお地元ではこの呼称に馴染みが薄いようである。

ともあれ、私たちが、この地を訪れた日は生憎の小雨そぼ降る日であった。桑山さんの話によると、「私は過去何回か此処を訪れてみたが、晴天に恵まれたことはなかった」と嘆いていた。そういえば、本田博士の『越佐研究』の報告にも、「九月一日は生憎午後から雨になった。やむかと思ったがなかなかやまず、日吉神社の祭りはやや遅れて開始された。」とある。よくよく雨に祟られた祭りであるようだ。

根知山寺の延年（おててこ舞）

八月三十一日、日吉神社の宵宮は出雲流の夜神楽（太夫舞）で開始された。夜の八時過ぎである。村の青年たちにより奉納される夜神楽は、「悪魔払い」「さんば踊」「魔法切」「狩護（かりご）」「天狗の舞」「絵巻」「扉」「盆の舞」「鯛釣り」の九番であった。

ところで、祭り当日の延年の芸能にふれる前に、ここで日吉神社の行道（お練）の次第について述べておこう。それは延年という芸能が、行道と一連のもので、それと切り離しては考えられないからである。

九月一日、日吉神社の行道、すなわち祭り行列のお練は、午後一時半から始められる。古くは、宮庄屋を務めていたという和泉集落の青木藤次郎保存の二本の旗の日吉神社別当寺金蔵院への到着がその開始のきっかけである。旗というより幟と呼んだ方がよかろう。ただ地元では「宮庄屋の旗」と呼んでいるが、それは、図柄から修験を表すもののようである。しかしそのことはさておき、行道の宮庄屋の旗を先頭に、「獅子」、「太鼓」、「稚児」がこれに続く、氏子たちはその後である。お練りの行列は静かに石ころのなだらかな坂を観音堂に向う。観音堂は御旅所である。この観音堂には八月三十一日の夜中に、日吉神社から二基の神輿が下ろされ、安置されてある。お練りの行列は、ここで神輿と合流する。観音堂の境内からその前の道路には露店の三文市が立つ。どこでも見られる祭りの風景である。神輿と合流した行道の列は、そこからさらに坂道を登り、日吉神社に向う。

根知山寺の延年の芸能は、この行道（神輿の渡御）が日吉神社の石段に到着した時から開始される。この時の舞台は石段の下の石畳の参道である。太鼓の音につれ、舞う二人の子供。右手には綾どりした棒を持ち、白と赤のねじり鉢巻を頭に結び、タッツケ、たすき掛け。山寺ではこの舞を「くるい」と呼んでいるが、果たして何を意味しているものであろうか。清めか、あるいはまた、歌舞伎でよく見られる花道の出の所作に類するものであろうか。まことに特殊な芸の披露である。

こうして「くるい」の舞が終わると、再び石段を登り、お練が始まる。神輿の渡御は、境内に入ると奥の院と拝殿を分かつ道を、社前の舞台を含めて広くまわり、最後に揉み合

日吉神社の祭礼　神輿の渡御

いを行ない拝殿に安置される。神輿の揉み合いは後年のもので、近郷、糸魚川市一ノ宮天津神社の、俗にいう「喧嘩祭り」を模したものであろうか。

ここで延年と称する芸能の演目から紹介してみよう。

先ず芸能の構成は、㈠おててこ舞　㈡くるいの舞　㈢鏡の舞　㈣花の舞　㈤弓の舞　㈥種まき　㈦鉾の舞　㈧しめの舞　㈨万歳　㈩獅子舞からなる。

おててこ舞は小歌踊で、さらに次の六つの踊りを有する。すなわち「露の踊」「若衆踊」「扇車」「四節踊」「三国踊」「百六」がそれで、これらは初期の歌舞伎踊を伝えるものである。わけても、「百六」は、阿国歌舞伎の演目として、早くから知られ、最も全国的に流布した「小原木」の歌詞を有する曲目である。

〽イヤ　麻の中なる糸よもぎ　麻の中なる糸よもぎ
アア　よれてかかるも　ノー　縁でそろ

かなりくずれてはいるが、優雅な小歌踊で、先に紹介した鵜川村女谷の綾子舞とともに初期の歌舞伎踊の研究には欠かせない生きた資料といえよう。

くるいの舞は、清めの舞で、石段のところで行われた「くるい」とは異なり、舞台の上で演じられ、飛び六法の型が見られるのは注目される。

「鏡の舞」「花の舞」「弓の舞」「鉾の舞」はともに稚児による舞楽である。あどけない子どもたちにより演ぜられるこの稚児舞は、大人の舞楽には見られない雰囲気をかもし出す。わけても鏡の舞は、山寺集落においては、芸能への参加の最初の資格を与えられるもので、五歳から六歳の男の子に限るため、その演技は稚拙ではあるが、あどけなくて面白い。舞が終り、村人たちからの果物やおもちゃなどが舞台へ沢山投げ込まれ、行李の蓋にそれを入れて退場する姿も微笑ましい。

根知山寺の延年（鏡の舞）

「種まき」「しめの舞」は神楽である。また万歳や獅子舞は比較的後になって編入されたもののようであるが、他の芸能ともよく調和して見ごたえがある。

神楽は出雲流の神楽、すなわち採りものの神楽であり、万歳は江戸万歳系、獅子は伊勢系のものであろう。

以上のような芸能が、午後一時ころから五時か六時ころまでたっぷりと上演されるのである。演じられる芸能は、必ずしも絢爛豪華なものではないが、演者と観客がしっくりと溶けあって、より一層祭りを盛りたてるのである。祭りとは、本来こんなものではなかったのであろうか。そんなことを考えさせるのが日吉神社の祭りであるといえよう。村ぐる

根知山寺の延年（鉾の舞）

み、家ぐるみ、それはここが小さな山村であることも手伝って、すべてが等しく協力し、参加する。そしてともに喜びを分かちあう。そんなものがこの延年という芸能を通じて汲み取られるのである。

私たちが、芸能の調査をする時、ともすると見落とすものに舞台がある。学者によっては、舞台は芸能の付随するもので主ではないとする者さえあるが、しかし、舞台が芸能にとって、如何に重要なものであるかは、舞台の周囲にぐるりと注連縄を張り巡らすことによっても明らかなところであろう。

今日では、舞台というとどうもステージや能舞台を想像しがちであるが、舞台は必ずしもそのような構築物でなければならないものではなく、社前の庭も舞台になれば、水の上で演じられる舞楽のように舟が舞台となった時代もある。

根知山寺の日吉神社の舞台は、現在土壇をつき、それに石垣をめぐらした、いわゆる石舞台である。しかし、これをその変遷の上からみると、おおよそ三期に分けることができるような気がする。すなわち、その当初は、拝殿が舞台であり、次に石舞台が築かれ、さらに楽屋をつけた今日のような形態が生まれたもののようである。その時期が何時であったかは明らかではない。ただ第三期の形態、いうなれば今日の舞台が完成したのはごく最近で、大正の頃といわれる。現に楽屋は地歌舞伎の舞台小屋の材料が不必要になったのでこれを用いたとさえいわれている。

ところで、話はいささか横道にそれるが、この辺で、本県の舞台の特色についてふれてみよう。

新潟県にはかなり多くの常設の舞台と仮設の舞台とがある。そのうち佐渡には能舞台、越後側には主として神楽殿といわれる神楽舞台や各種の舞楽の舞台がある。佐渡の能舞台は別として、神楽の舞台は、総じて楽人が御簾の中に隠れて楽を奏するところに大きな特色があるように思われる。こうした形態が、いつ、どのような条件のもとで成立したものかは詳らかではない。しかし、このような形態が舞台成立の上で、より古い形態を残すと聞くにつけ、十分研究の余地があると考えている。

ともあれ、このような観点に立って根知山寺の舞台を考えてみると、それはこうした越後の舞台の持つ特性を十分生かしながら、しかも拝殿形式から石舞台へとその変遷過程を如実に示すものとして、舞台変遷史上極めて重要な問題を提起していると思われるのである。

四、能生白山神社の舞楽

七世紀後半、わが国に伝来した舞楽は、鎌倉・室町時代に地方へ下り、各地の神社や寺院の祭りに用いられ、それぞれ地方化を深めていった。西頸城郡能生町〔現糸魚川市〕の白山神社に伝わる舞楽もその一つである。

能生白山神社の舞楽は、毎年四月二十四日の祭礼のおり奉納される。

私がこの舞楽にはじめて接したのは、昭和三十九年のことである。能生町の依頼もあり、また既に県の文化財に指定されていたこともあって、一度は見たいものと思っていたので、県の無形文化財基礎調査の一環としてこれを取り上げ、四月二十二日に宮栄二、桑山太市の両氏とともに能生町に赴いた。

舞楽は、四月二十三日の宵宮の稚児の眉落としの式によって始まるのであるが、実質的には四月十一日の舞楽の稽古をもって開始するとするのが極めて妥当であろう。このことは他の芸能いずれにも共通することで、舞台での上演はその芸の仕上げと見るべきである。従って、獅子舞などでも「太鼓ならし」といって、獅子頭を上座に据え、神酒を献じて、その後稽古に入るのが一般である。

ところで、能生白山神社では、稚児や舞人は四月十一日から二十二日まで神社に籠り、毎朝水垢離をとり心身を清めて稽古に励む。近年、この稚児たちの合宿練習が問題となり、法務局から期間短縮の勧告を受けたり、新聞だねとなったため、多少その期間を短縮しなければならないはめになったが、旧来この宿籠りは、祭礼の大切な行事の一つなのである。こうして稽古の終わる二十三日、はじめて子供たちは家に帰されるのである。すなわち能生白山神社の舞楽には宮籠りをし、斎戒沐浴することにより、舞人はようやく神人の資格が得られるのであって、今日のように観光用のいわゆる見せる芸には見られない古

能生白山神社の舞楽

い祭礼の形態が、今なお遺存していたのである。
四月二十四日、私たちは調査の手始めとして、行道（お練り）の出発地点に当てられている能生小学校に出かけた。ここでは既に狩衣、立烏帽子を身に着け、準備の整った稚児たちが出を待っていた。

話は別であるが、民俗芸能の調査にとって、芸能とは直接的には関係がないように思われがちな祭礼神事の調査が極めて重要であることは、すでに幾度かふれたが、それは、その祭礼行事が芸能を支えるために、如何に力となっているかということを知らずして、芸能調査が十分には行われないからである。

わが国の芸能は多かれ少なかれ、祭事と関係している。古事記に「新室楽（にいむろのうたげ）」という記事が載っている。山部連（やまべのむらじ）小楯（おだて）というものが、播磨の国の長官に任命された時、その土地のシジムの家の新築祝いに招かれ、酒宴もたけなわとなった頃、そこに招かれた人々が順次舞を舞ったというのがその大要である。今日では、新築祝いを祭りではないと解する人々もかなり多くなったが、しかし、これもやはり祭りなのである。ただここでは祭りという定義は省略するが、ようは祭りと芸能とは古来より不可分の状態であったのである。

そこで、ここでも能生白山神社の舞楽にふれる前に、その祭礼の模様を、能生町教育委員

会から出された「能生白山神社祭礼と舞楽について」というパンフレットから紹介してみよう。それには、

…四月二十四日未明に合図の貝を吹きます。神宮、稚児、楽人等は行列を作って神社に向かいます。舞台に於ける修ばつの行われています間に拝殿、楽屋の間に七度半の使いの式があり、七度半目の折獅子が拝殿より罷り出ます。次いで「獅子の出」の舞があります。獅子舞を先頭にして、三体の神輿、旗、出し物、稚児の行列が境内を回り御旅所への道中行列を行います。これを御神嚮といいます。御神嚮の終りには、「御走り」が行われます。行列が一斉に御旅所へ向って走るのです。次いで供神饌の行事があります。おわれば社司に祭典準備のおわった案内があり、ここで「黙礼」の式があります。中食の後舞楽がおこなわれ、陵王の舞がおわると神還御があり、朝と同様行列を作って宿舎に引き上げます。

と行道の様が極めて簡潔に記されていた。

かつて白山神社の祭礼は、少なからず経費が嵩むので、四年に一回か、もしくは五年に

一回というふうに、毎年は行われなかったという。今日でも、祭りは、能生と小泊の両集落のみでは為し得ず、隣村の三集落すなわち能生谷に点在する大王、指塩、大導寺の協力を得て行われる。各集落の役割は、先ず神輿の擁護は小泊の六社人。土地ではこの六社人の家をそれぞれ治部、刑部、式部、大部、民部、兵部と屋号で呼んでいる。次に舞楽は能生の氏子。獅子舞は能生と小泊の青年たちで、隔年輪番である。また能生谷の大王、指塩、大導寺の三集落の人々の役割は、主として稚児守の白丁で、一の稚児は大王の青年、二の稚児は大王の青年、そして三が指塩、四と五が大王というふうに各集落の青年たちによって構成されており、出し物等の賦役から、舞台掛け（四月十八日）、舞台こわし（四月二十五日）等の仕事にいたるまで、すべてこれら三集落の役割となっている。このように宮座制ともおぼしき極めて厳しい制度と戒律に守られながら今日まで存続して来たのである。そしてこのことは、さらに白山神社舞楽の保存の上でも重要な要素となっているのである。

舞楽は、「振舞（えんぶ）」という舞をもって開始される。稚児二人、ともに天冠、白縮緬の狩衣、赤紅の差貫の装束に、それぞれ一本の鉾を持つ。雄壮というよりむしろ可憐な舞である。次いで「候礼（そうらい）」は稚児四人、「童羅利（どうらり）」は稚児一人、「地久（ちきゅう）」は稚児四人、「能抜頭（のうばとう）」は大人一人、「泰平楽（たいへいらく）」は稚児四人、「納蘇利（なそり）」は大人二人、「弓法楽（きゅうほうらく）」は稚児四人、「児抜頭（ちごばとう）」は稚児一人、「輪歌（りんか）は」稚児四人、「陵王（りょうおう）」は大人一人、と舞は続くのであるが、最後の陵王を演じる頃には、早くも春の陽が西の海に没する六時頃である。このように、能生白山神社の舞楽は、十一曲のうち稚児の演じるものが実に八曲、まさしく稚児舞楽と称するに価する珍重すべき舞楽である。

また、能生白山神社の舞楽の演目の中で、とりわけ見応えのあるのは、その終幕をかざる「陵王」の舞であろう。

白山神社舞楽（泰平楽）

陵王の舞は、夕日が日本海に沈む午後六時頃から始められる。夕闇迫った舞台に、緋縮緬の狩衣、緋緞子の差貫を着け、中啓を持って静かに舞う姿は神秘感さえ漂わせている。

陵王は、舞楽では一般に「蘭陵王」と呼ばれ、印度楽から出たものとか、また中国の南北朝時代の蘭陵王長恭の事績と武勇を讃えて舞ったものとかいわれているが、白山神社のそれは、俗に、日本海に没する日輪を招き返すものだといわれている。古くは、陵王を別に「没日還午楽」ともいったというから、この陵王は、案外古い時代の形式を伝承し、遺存しているのではなかろうか。ともあれ、能生白山神社では、この陵王を最も重要視しており、楽屋では、今なお能楽の三番叟に見

能生白山神社舞楽（陵王）

られるような「面渡し」の儀式が行われているのである。

また、陵王の用いるシャグマに「元和四年戊午天　百廿一年巳前糸魚川屋彦十郎寄進候得共毛宮敷此度毛取替改申候　天文三戊午天　寄進人岡本治郎右エ門」と墨書されているのも注目される。

最後に、舞台について触れておこう。

ここの舞台は、県下に残存する他の舞台と異なり、水舞台形式であるところに特色がある。それは神社境内にある秋葉神社（祭礼当日、ここに役人が座し祭り開始の七度半の使がある）前の広場と楽舎との間に掘られた四角の池の中に仮設舞台が組まれ、そこから楽舎に向って長さ十七メートル程の橋懸かりを掛け、周囲に青海波の幕を垂らし、いわゆる水の中に建てられた舞台とするのである。そしてこの長い橋掛かりは、舞楽を演じる上に重要な役割を果たすのであるが、わけても「陵王」の楽屋への引っ込みの演技には独創的な演出が見られる。すなわち、橋懸かりには、あらかじめ楽舎から約八メートルの位置に三・六メートルくらいの切れ目を開け、奈落が用意される。陵王の舞はこの箇所を巧みに利用し、観客を魅了するのである。

五、糸魚川天津神社の舞楽

能生町に隣接する糸魚川市一の宮天津神社にも、やはり大阪四天王寺の流れを汲む舞楽が伝承されている。その由来は詳らかではない。一説に往古浪華天王寺の舞楽を移入し、これを伝えたが、江戸時代の初期、一の宮を管理する神宮寺の法印が、ここの神酒堂を壊し、十七年間中絶していたのを、上刈集落の氏子の請願で法印が敗れ、一飴屋の老婆の記憶をたどり復興したものであると伝え、『越後名寄』も『越後野誌』も、また橘南谿の『東遊記』も悉くこの説を挙げているが、この説に何ら論証の無いことは明らかで、私はその初見を元禄三年の『一之宮天津神社並神宮寺縁起』(天津神社所蔵)の「三月十日年中之大祭神輿降臨紅衣紫裳作舞曲于台上蓋此舞楽従事之豊凶以巻舒之」に求めることが出来ると考えている。すると、この舞楽の歴史は少なくとも元禄以前にまで遡ることが出来よう。

さて、天津神社は、古くから七間町、大町、寺町、新屋町、押上村、上刈村、一の宮村、蓮台寺村の産土神として多くの信仰を集めていた。

ここで、この舞楽を理解するために、享保十八年の『御祭礼諸邑帳』（天津神社所蔵）を中心に祭祀組織を見てみよう。

天津神社の御影向は主として一の宮村の役割りである。行列の一番から十二番まで、露払い、宮山伏、本弓持、獅子頭、太鼓、本弓持、御鉾持、御幣、壱の神輿、御鉾、御幣、二の神輿の順に並ぶが、一番、二番、八番、九番、十一番、十二番を除く他はすべて一の宮村の氏子がこれに当たる。

次に児行列は、一番から十七番まで、やはり露払いを先頭に寺の山伏、槍二本、楯の板二人、弓たて一人、挟箱二つ、鉾二人、太刀一人、小児、三の殿、鑓二本、弓たて、鋏箱、鉾、太刀、二の殿、大児の順に続くが、これ

天津神社の舞楽

には押上村、寺町、七間町、大町、新屋町の各集落が奉仕することとなっている。すなわち、押上村の露払い、小児、三の殿、二の殿、寺町の鑓、七間町の弓たて、鋏箱、太刀とそれぞれその役割りが決まっているのである。そしてこのほか、稚児行列には小廻りとして大町より五人、新屋町より三人、七間町より三人、横町より六人、新田町より四人、鉄砲町より二人の計二十五人がつくこととなっている。また、神輿が本社に入るために、氏子宿から毎年出る人足も決まっている。押上村から神輿舁ぎ、児の六尺、露払いとして十九人、寺町から神輿舁ぎ、児の鑓持として十四人、このほか大町からは、児の鑓持、しょうぎ持として十人。七間町は、児の弓立て持、この挟箱持の四人、新屋町は児の太刀持、鋏箱持の四人、そして、一の宮からは弓持、獅子頭としての人足五人を出すこととある。このことから、天津神社の祭礼では、一の宮、押上、寺町の各集落が、それぞれ重要な地位をしめていたことが分ろう。

また、祭りの由来は、伝説によれば「第十二代景行天皇の御代、ある晴れた日に漁夫の甚兵衛が浜辺を歩いていると、沖から一隻の舟がこの浜辺に押し上げられて来た。見ると人ひとり乗っておらず、ただ一個の石が乗っているだけであった。不思議に思い、急いでそれを拾い上げ、その浜辺に安置し祀った。その後神の警告があり、一時寺町に移したが、やがて今の一の宮の地に遷座し祀った」(『一之宮天津神社並神宮縁起』)のであるという。そして、舟が流れ着いた地を「押上村」と名付けたともある。

天津神社の祭りは三月二十八日に始まるといっても過言ではない。この日「稚児揃え」といって、稚児たちは紋付羽織袴で親の付き添いで拝殿に集まる。ここで「試楽差定」が作成され、斎戒沐浴の後社務所(昔は「神饌堂」)に籠り稽古を始める。もちろん、現在は、稚児の就学やその他の関係で省略されているが、その昔はかなり厳しい戒律のもとでこれが行われていたという。

かつては四月八日に「舞台ならし」、九日には稚児たちは旧装束を着しての舞、そして十日は新装束を着しての晴れ舞台へと望むのであったが、現在は、九日に「舞台ならし」、十日が本舞台と変更されていた。

祭礼当日、午前十一時神輿の奉仕者は、露払い(とりじともいう)を先頭に輿丁、引き手、押し手、金棒引き、獅子頭等と結束して登社する。一行が「中道」にさしかかった時、「シャギリ」の太鼓が入る。拝殿で礼拝の後、一行は、一は西の桟敷、二は東の桟敷に憩う。しかし、古くは押上村の神輿奉仕者は神饌堂に、寺町は杉原に陣取るのが通例であったという。

神輿の渡御は、あらかじめしつらわれた舞台の上で行われる。舞台での神輿の降臨祭ののちに始められる。先ず笛が「三ッ拍子」を奏し、ついで「とめ」より太鼓を入れ、神輿を白丁に渡す。太鼓の合図で一の神輿が舞台の東側を巡り始め、西側の陵王の松のところまで進んだ時、二の神輿が白丁に渡される。こうして両神輿は、拝殿と舞台との中間の走路で見合うように仕組まれている。この折、氏子、重立は何れも礼装し、各神輿のあとにつく、一方、旧慣により押上方は社務所に稚児迎えする。

稚児迎えは、青竹を捧持した露払いを先頭に、肩車にのった飾り稚児がこれにつぎ、長柄の傘が添えられる。稚児の服装は巻えい冠に老繋、素袍袴、金帯、跗掛、糸鞋で、唐子も用いるが、これらは古くからその家族縁者の寄進によるものだという。

神輿がおおよそ順路を一周した後、稚児は舞台正面から幄舎に進み、走廊下のところで床几を用いて休む。稚児昇殿の後、舞台の外側では神輿のもみ合い始まる。これが俗にいう「喧嘩まつり」で、古くから万余の観客を集めたという。ともあれ、やがて警護長の合図で「おはしり」の「ドンデンド」の太鼓が打たれ、二基の神輿は、疾走の後幣殿に奉安される。この間稚児はそのまま走廊下に休んでいるが、神輿の渡御の終了とともにとめ笛の「三ッ拍子」を合図に幄舎に入り、舞楽の開始を待つのである。

ここで少し天津神社の舞台について触れておこう。

先に私は能生白山神社の舞台を、比較的珍しい水舞台形式であると述べたが、ここの舞台は土壇の周囲を石で築き上げた、いわゆる石舞台形式のものであった。これが何時頃出来たのかは定かではないが、現在の舞台は大正十五年春改造されたものであると聞く。幄舎の走廊下から拝殿に向って長さ五間、幅一間の走縁（橋がかり）を出し、幄舎と拝殿の中間に常設の舞台を設け、走縁の西側には陵王の松、東側には稚児桜が植えてあった。舞台は三間の三間、常設の石舞台の上に板を敷き詰め仮設され、四隅にそれぞれ白虎、玄武、朱雀、青竜のいわゆる四神が配される。そし

天津神社の舞楽

て白虎の位置を「一の本位」、玄武の一隅を「二の本位」、以下朱雀が「三の本位」、青竜が「四の本位」と言われ、中心を「中」、本位と本位との間を「間」と呼び、走縁の中位に「走縁の本位」があって、ここが舞い始めの位置となっていた。舞台の高さは約五尺、舞台としてはかなり高いものであった。

舞楽は十二曲。稚児四人による「振舞（えんぶ）」に始まり、面をつけた稚児一人舞の「安摩（あま）」、稚児四人の「鶏冠（けいかん）」、面をつけた大人の一人舞の「抜頭（ばとう）」、以下稚児四人舞の「破魔弓（はまきゅう）」、面をつけた稚児二人による「児納蘇利（ちごなそり）」、大人一人舞の「能抜頭」、稚児四人による「華籠（けご）」、大人二人舞の「大納蘇利」、稚児四人舞の「太平楽」、稚児二人舞の「久宝楽」、そして大人一人舞の「陵王」で終焉となるのであるが、ここに、『東遊記』や『越後野誌』などには見られなかった新たな曲目、稚児による二人舞「久宝楽」が加わっていたのは不思議であった。しかし考えてみると、ただ記載年代不詳の江戸末期に書かれたと思われる『礼祭附神事古例』に「つゞいて舞楽十二曲を行なう」とあって実際には十一曲しかなく、しかも前記曲目を紹介した中に、「太平楽」の後に「同上返し（小児二人舞）」と書かれているので、多分この「返し」を時には一曲とみなし、また時には、ただ単なる「返し」としたものであろう。それが後年、独立した演目「久宝楽」として演じられたものかと思われる。しかし、それが何時、誰によって呼称されるようになったのかは定かではない。

天津神社の舞楽を拝見して、もう一つ興味を引いたのは、舞楽奉納中、観客から詩歌連句の贈答があったことである。この日は、「鶏冠」という曲が終了すると短冊が舞台に届けられ、唐子童子が楽舎から小走りに出て来てそれを受け取り、楽舎に戻ると返歌があり、橋懸かりの東隣りの「稚児桜」の枝に取り付けるというものである。これが何時頃から始まったものであろうか不明ではあるが、それは古代・中世に行なわれていた「歌垣」を彷彿させるものがあった。

六、弥彦神社の舞楽

越後一の宮弥彦神社にも立派な舞楽が伝承されている。元禄十四年四月廿六日、越後弥彦神主高橋杢之進、護摩堂懸り同社僧真言院連署で、寺社御奉行所へ提出した「越後国弥彦社御修覆願目録」（『弥彦神社叢書』）には、次のような記載がある。すなわち、

一　舞童ノ祭リ　三月十八日　大神楽ト云

拾六番之舞楽

地久楽　戟舞　弓舞　陵王　輪河　安摩　神面舞　二ノ面舞　納曽利

泔州　抜頭　大納曽利　小納曽利　籠舞　太平楽

此舞小袖諸道具又ハ楽器等悉ク痛損失仕、相勤候儀不罷成中絶及迷惑候、御慈悲ニ被仰付後代迄大切成ル神事不絶様ニ奉願候

というのがそれであるが、実際にはご覧の通り十五番しか記載されていない。しかもその後さらに消滅したものと見え、私が昭和四十一年に「無形文化財特別調査」として現地に訪れた折には、十三番に減っていた。ともあれ、その時見聞した舞楽を略述してみたいと思う。

先ず舞楽の配役式は三月二日に行なわれた。これを「稟議」といい、この日宮司以下楽舎につめ、笛、小太鼓、太鼓で面舞が行われる。これが終わると楽人は、上座の宮司を挟み迎えあって整列し、職員が酒を注いで式は終わる。稚児舞を行う子供たちの稽古は三月三日から始められ十七日まで続けられる。大人の稽古は日を定めず随意であるが、

弥彦神社太々神楽（弓の舞）

十六、七日の両夜は装束をつけないがこの日、舞台にあがり合同で行うのがしきたりであるという。そして十七日の夕刻、舞人、楽人はともに社務所に参籠し、潔斎するのである。

舞台での奉奏は三月十八日妻戸大神例祭の日が当てられている。午前八時三十分、大太鼓、笛により「トントントントン」と次第に早くなり、最後に「トントン」としめる「つめ太鼓」により、一同は楽舎入りし、舞の支度をする。

舞は十時頃から始められた。最初は「地久楽」である。大人一人による大人舞で、面・立烏帽子・赤地錦の装束、下には緋緞子の袴をつけ、鈴をもって舞う。先ず中央に走り出て、左右左と切りつつ三足跳び、坐し、地天

弥彦神社の舞楽（太々神楽）の天犬の舞

地と首をまげ、再び立って、北の角から順次同じ動作を繰り返しながら、南、西、東の角を踏みながら入るという舞で、一名「ジャンジャゴジャン」といわれている。

次の「鉾の舞」は舞童四人で舞う舞であった。先ず一の童、二の童の二人の舞童が、指を頭上に組み、いわゆる剣印の形で橋掛かりより出、正面に向って二人並ぶ、大人より鉾を受けとる。これを上から二回まわすと三、四の童が手に鉾を持って舞いながら出る。そして舞台中央にて互いに向かい合って舞う。舞には互いに入り代わって舞う動作もあり、これを「入り代わり」という。また、右まわりに四隅を舞う動作もある。装束は天冠、紫の装束に緋の袴、手に鉾を持つ。

以下「弓の舞」、「陵王」、「輪河（りんが）」、「安摩」、「神面」、「二ノ舞」、「児納曽利」、「泔州（かんじゅ）」、「抜頭」、「大納曽利」、「泰平楽」の順に舞われたのである。

ここで、少し越後の舞楽の特徴について触れてみたいと思う。

先ず越後の舞楽は、隣県富山県と同様、何れも稚児を中心とした、いわゆる「稚児舞楽」であること。その由来にはいろいろあるが、何れも十四～十五世紀頃に伝来したもので、その伝承を大阪四天王寺に求めていること。その呼称を、ここ弥彦神社では「太々神楽」と呼称しているのに、先にも見てきたように能生白山神社でも、糸魚川の天津神社でも

弥彦神社の舞楽（太々神楽）

弥彦神社の舞楽（弓の舞）

「舞楽」、そして同じく糸魚川の根知山寺の「おててこ舞」と呼ぶ芸能の中に延年形式で行われていたので特に呼称は無い。次に舞台であるが、能生は水舞台形式、糸魚川は石舞台形式であったが、ここ弥彦神社は神楽の奉納の意味でもあろうか、「神楽殿」形式である。

神楽殿は、二間半四方、四隅と左右後面中央に柱があり、舞台の床の高さは地上八尺二寸、四方に翠簾をかけ、舞台より下手奥に約三間の橋掛かりが付く、橋懸りは極めて緩やかに傾斜して、四間半、三間半の別棟の楽舎に結ぶ。楽舎の橋懸かりへの出口には揚幕、楽舎正面には翠簾がかけてあり、楽はこの翠簾の内で奏せられるのである。そしてそれは越後に伝わる神楽にも共通するもで、この弥彦神社舞楽を太々神楽と呼称する由縁でもあろう。

七、佐渡風流考

風流とかいて「ふりゅう」と訓む。「佐渡風流考」の具体な内容に触れる前に、読者から理解していただくため、風流ということについて予め触れておこう。

芸能にいう風流ということは、風流ということばが、みやびやかなもの、風情あるものの意から出て、やがて美しいものを指すようになったところから、仮装行列や、後に生まれた華やかに装って大勢で踊る群舞等すべてを指すようになった。一般には、㈠念仏踊、㈡盆踊、㈢小歌踊、㈣シシ踊、㈤太鼓踊、㈥武技の踊、㈦その他、「つくりものの風流」、「仮装風流」等に大別される。「アイヌの舞踊」も、「沖縄の舞踊」もやはりこの範疇に属す。

では、一体風流という芸能の起源はどの辺にあるのであろうか。それは、厄神祭に出たもの、仮装に出たもの、あるいは田囃子に出たものと多くのものが考えられるが、主として、平安時代の末期から鎌倉時代にかけて流行した「御霊信仰」にともなって起こった芸能と見るのが、すこぶる妥当であろう。

御霊とは、政治や戦争の犠牲となって非業な最期を遂げた人々の霊魂のことで、古代の人々は、世の疫病や災厄はこの霊魂の怨恨によって発生するものと信じ、これを鎮めなければ、疫病や災厄は絶えないと考えていた。これがいわゆる「御霊信仰」である。だから、風流という芸能は、荒々しい御霊を鎮めるために、派手な、きらびやかなものを身につけて、熱狂的に踊るところに始まったが、やがて信仰的なものが薄れ、あるいは忘れ去られ、ついにはその娯楽面のみが強調されるようになったのである。しかし、その芸能をよく見ると、どこかにその昔の本質的なものが見え、私たちの心を喜ばせてくれる。例えば一見、全く娯楽化されたと思われがちな盆踊りであるが、櫓を組み、その周囲を輪踊りする姿は、神を迎え、神を饗応し、また神を送るという祭りの本質をとどめるのみならず、荒々しく、激しく踊る姿は、やはり無意識ながら風流の本質をとどめているのであろう。言うなれば、厄病神を追い払うという本質を忘れないでいるのである。

私は、これまで佐渡に伝わる民俗芸能をかなり多く見てきた。昭和二十八年の夏、沢根町（佐和田町沢根・現佐渡市）の路上で、一週間にわたり盆踊りを踊りまくったのを手始めに、その後昭和三十八年から今日まで、約五年間のうちに延二百日近くも佐渡へわたり、各地の芸能を見せてもらった。恐らく佐渡に伝わる主なる芸能の大半は見せてもらった勘定になろうか。だからといって佐渡の芸能を熟知したかというと、そうとはいかない。むしろだんだん解らなくなって来たというのが本音である。何によらず、学問というものは、中に入れば入るほど解らなくなるという先覚のことばが思いだされるが、しかし今、私はそのことばを暗に是認してよいのであろうか。

佐渡は不思議な島である。この小さな島に、私たちがびっくりするくらい沢山の芸能があり、その種類も多い。島の人々のいう「本土」の芸能が悉く伝承されており、正しく日本の縮図をこの佐渡に見たといっても過言ではなかろう。

とまれ、私は今ここで佐渡の島の持つ特性を論じようとしているのではない。私がこれまで見聞した佐渡の芸能のうち、風流の範疇に属す芸能に焦点を当て、その概要について紹介を試みようとしているのである。

さて、佐渡に伝承された風流の芸能はかなり多い。島内に広く分布する鬼太鼓を含めたら恐らく百を有に越すであろう。しかし、ここではその全てを紹介することはできないので、比較的系統的に調査を試みた「小獅子舞」を中心にその見聞に触れよう。

佐渡には「小獅子舞」と称する一人立三匹獅子のいわゆる風流の獅子が、小木町稲荷町の「小獅子舞」をはじめとして、赤泊村杉野浦、同赤泊新谷、両津市赤玉、同河崎、相川町北河内、同北田野浦などに伝承されている。しかし、相川町のそれを除けば、大半が前浜地域に集中しているのは興味を引く。前浜地域とは、海を挟んで対岸の越後に面した小木から両津にかけての浜を指すもので、佐渡を二分して俗に小佐渡と呼ばれる地域の海岸地帯である。小獅子舞はこの浜伝いに点々と、しかも比較的正しく分布しているのは、あるいはその伝承経路を示すものなのであろうか。

まず小獅子舞がどのように行なわれているか、その芸能と祭礼との関わりから見てみよう。

佐渡の小獅子舞は、その芸能が単独で行なわれることは殆んどない。大部分が他の芸能とともに、祭礼の催し物の一要素として構成される。これを大別すると、一、花笠、二、行道（お練り）となる。一には両津市の河内、赤玉のほかに、相川町の北河内及び北田野浦があげられ、二には、小木町の稲荷町及び赤泊村の杉之浦、赤泊新谷の小獅子舞などがあげられる。

ところで、花笠というのは、これを赤玉の小獅子舞に例をとると、花笠踊りを中心に、鬼太鼓、白刃などとともに行われるので、一般には「花笠」の名で総称される芸能である。また、行道とは、お練りの行列のことで、神輿の渡御もこの範疇に属すものであるが、行道の小獅子舞は、同一の舞台で演じられる花笠とは異なり、単なる一芸能のレパートリではなく、個別的に行なわれる芸能と見てもよい。このように一言に小獅子舞といっても、それは祭礼の持ち方によってかなり趣きを異にする。しかし、何といってもこれらの小獅子舞は、一人立三匹獅子のいわゆる風流の獅子である。ただ、これらの芸能を具さに見ると、その定着年代、もしくは伝承経路により、かなりの差異のあることも否めない。その大きな特色として、これを前浜に点在する小獅子舞、それも西から東に向って見ると、小木の小獅子舞は、「子獅子かくし」に特色があり、子獅子は霧に隠しとられたというところで、その子獅子が踊りの中から完全に姿を消し、また杉野浦のそれも、やはり「子獅子かくし」ではあるが、小木のようにその場から姿を消すのではなく、シャガミ込むという演技に特色がある。以下、赤泊新谷は、白刃と称する羽茂一羽流の太刀の踊りが混入するところに特色があり、子獅子かくしのことばは消え、比較的中性化し、それが赤玉集落まで来ると、これが大きく変化して、子獅子かくしは「牝獅子ぐるい」となり、白刃も一羽流を伝承しながらも、赤泊新谷とは異なり、地まつりの一レパートリと変化しているのである。このことは、さらに両津市の河内、久知八幡の花笠踊りとなると、一層各芸能のレパートリに区分されるのである。なお白刃についてであるが、もと杉野浦にもあったが、その秘伝の巻物を赤泊新谷に盗み取られたので、今は行われていないと伝えている。

また、小木町稲荷町に伝わる小獅子舞は、佐渡の小獅子舞の中でもっとも華麗な獅子舞の一つである。その由来は詳らかではないが、小獅子舞保存会のパンフレットによれば、「小木町小獅子舞は小鹿舞ともいわれ、稲荷神社建立に当たり、京都伏見稲荷神社より御神体の分神遷座の際神事として伝えられたものである」という。

佐渡の文化が、その由来を関西地方、ことに京都に求めるのは通例で、芸能とても異例ではない。例えば、同じく「小獅子舞」の呼称を持つ赤泊村大字杉野浦の獅子も、その由来を「紀州熊野権現に参詣したおり、三人が同一の夢を見、その霊夢により迎え帰ったもの」としている。しかし、こうした風流の獅子が、関西地方を含めその以西では、四国の愛媛県宇和島市周辺を除く他にその伝承を聞かないことや、小獅子舞の曲節、リズム等が、関東、東北地方の「鹿踊り」に近似しているところから、あるいは近世初頭、北前船などによって東北地方から移入されたものでもあろうか。また、江戸期における小木町稲荷町が相川立町の名で呼ばれていた点、金山を中心とした江戸との交流も考慮しながらなお究明しなければならないであろう。

小木の稲荷神社及び木崎神社の祭礼は八月二十八日から三十日の三日間盛大に行われる。この間小木町の各町内は競ってたな組を組織する。「たな（棚）」とは山車のことで、佐渡ではこう呼ぶ慣わしがある。

また、祭礼当日の出し物は、旭町の鬼太鼓、入船町の大舟、栄町の大獅子、末広町の千石船、本町・中町・諏訪町・幸町・琴平町はそれぞれ芸座だな（歌舞伎）、相生町は桜提灯、稲荷町は小獅子舞といった具合である。

稲荷町の小獅子舞は、八月十六日、町内の小獅子舞関係者が獅子宿に集まり、衣装をつけ、一さし踊るところから始まる。いわゆる稽古始めである。これへの参加は町内の男子全員であるが、かつては笛方には子供（十～十五歳位）、踊りには青年（十六～二十五歳

小木の小獅子舞

位）、唄は壮年（二十五歳以上）と決まっていたという。

昭和四十二年の春、私は佐渡で同じ日に計らずも二つの風流の獅子に出会った。その一つは赤泊村新谷の小獅子舞であり、他は同村杉野浦の小獅子舞である。

杉野浦の小獅子舞の由来については既に触れたので、ここでは主として新谷の獅子について、その由来を昭和四年に刊行された『郷土読本』（赤泊尋常高等小学校）に聞くことにする。

> この舞は昔より行なわれたるものにしてその始まりは何等の記録なく全く不詳なれど、「京で御狩野の唐絵の屏風　さらりと一重にたてまはしたて」という歌の文句より考へ狩野元信は足利時代の絵書きなれば、或はその頃より行なはれしならん、その当時赤泊大屋（今の仁科家）の主人が京都の祇園の祭を見て帰り伝へたるがこの小獅子の舞なりといはれている。

この郷土読本によれば、赤泊村新谷の小獅子舞もまたその伝来を関西に求めている点、小木・杉野浦と同様である。

赤泊八幡若宮神社の祭りは、毎年四月十八日である。佐渡島内の祭りが殆んど四月十五日に統一されたのに、ここはまだ旧来のとおりである。旧来どおりといえば、赤泊の祭りはどこかまだ古い祭りの雰囲気を残している。一般に市祭りというだけあって、狭いメーンストリートに、所狭しと露店が立ち並ぶ。そこに笊や箕など現在は他所の祭りでは殆んど見なれない古い農具や生活用具が並んでいるのも珍しい。新谷の小獅子舞は、こうした露店を縫いながら家々を門付けし、練り歩くのである。

千早ぶる神を通るには
よろずの罪も消えうせぬ

赤泊新谷の小獅子舞

は、神前でうたう一節であるが、名主（惣代）、神主、大工、船頭、商家等それぞれうたう歌詞を異にする。それは、この歌がその家々の誉め歌であるためで、例えば、大工の家の前では「この家は飛騨の匠が建てよう、くさび一つで四方を固めた」とうたう。もちろんこうした区別は、他の小獅子舞にも見られるのであるが、ただ新谷の小獅子舞の他と異なる特徴は、「一羽くずし」と称する太刀が小獅子舞に巧みに組み込まれ一つの芸を構成した点である。

新谷の小獅子舞を見た夜、隣の集落の杉野浦から使いが来た。「せっかく赤泊に来てくれたのだから是非杉野浦のものも見て欲しい」というのである。

私は喜んでお伺いする旨返事をしてその夜指定された集落の集会所へ行ってみた。集会所にはすでに獅子連中が集まっており、私の来るのを遅しと待ち受けていてくれた。獅子は集会場の土間を舞台に八時半頃から行われた。いわずと知れた風流の三匹獅子、いわゆる小獅子舞である。

〽廻れ〳〵の水車、遅く廻りて堰にとまるな〳〵

代表的な獅子唄である。

杉野浦の小獅子舞の由来については、前にも触れたように、紀州熊野本社に参詣した三人の村人の霊夢に現れたので、それを伝えたとあるが明らかではない。

ところで、杉野浦の小獅子舞の頭飾りや衣装は、小木のそれに較べてかなり粗末ではあるが、新谷のそれや、後で述べる両津市赤玉や相川町北田野浦の小獅子舞に較べると、その所作は最も小木に近い。ただ、小木と異なる点は、

〽七ツから今まで連れたる牡獅子奴を、これのお庭にかくしとられた〱

という箇所での仔獅子の扱いであり、また古くは新谷同様太刀の芸があったということである。

ここで、風流の獅子の基本的芸である「め獅子隠し」の芸についてみると、小木のそれが、神社の前で踊る場合、牝獅子が牡獅子から完全に離れ、灯篭のかげに隠れるのに対し、赤泊新谷では、ただその場に座り込み（ねまり）首を振る所作をし、杉野浦では、三匹の獅子がすれ違いざまに尻当て擦ることによって霧に隠しとられた表現をするのみである。

また「太刀」の芸は、小木には全く見られず、杉野浦も現在は行われてはいない。ただ、古老の言によれば、「古くはあったが、新谷に太刀の秘伝を盗みとられたので、新谷には残っているが、ここ（杉野浦）では失われてしまったのだ。」と説明してくれた。このことは、新谷でも盗んだとはいわないが、その伝承を匂わす点符合しているのである。

ともあれ、祭りでもない、それも夜遅く、突然の太鼓、笛の囃子に、近隣の人々の眠りは覚まされ、何事が始まったのかとわざわざ集会所まで訪ねてきた人さえあったのには驚かされた。正しく春の珍事だったのである。

佐渡の小獅子舞について、私はこれまで幾つかのものを紹介してきた。しかしそれはいずれも「子獅子かくし」を主とした小獅子舞であった。小獅子舞の呼称の起こりを、大獅子（伎楽の獅子）に対して小獅子舞であるとか、また小獅子隠しの芸を、その芸の構成に組み込んだためとか云われて来ているが、いずれが正しいのか、またいずれも誤りであるかは、今即断を避けたい。ただここ両津市赤玉に来て、初めて子獅子かくしのない小獅子舞を見たのである。

土地の古老は、ここでは小獅子舞とは云わず「獅子狂い」と呼んでいると説明してくれた。牡獅子二匹、牝獅子一匹、この三匹の獅子が、

〽思いもよらぬ朝霧が降りて　ここ牝獅子かくしとられた　とられた

の歌詞にあわせ、獅子狂いを舞うのである。云わずと知れた「牝獅子かくし」の芸を、私はここで見たのである。

周知のとおり、風流の三匹獅子は関東から東北地方にかけ、その殆んどが「牝獅子かくし」を基本としている。図らずも、その芸態を佐渡で初めて見たのである。

赤玉神社の小獅子舞は、(1)練り込み、(2)ささら、(3)獅子狂いの三部から構成されている。(1)の練り込みは、獅子が山から神社におりて来る芸態であり、(2)のささらは「花笠踊り」のささら踊りと同様な踊りである。

〽この宮はいかなるばんじょが建てられたやら、くさび一つごほんつとめた　つとめた

などの歌詞につれて踊るのである。ただここで一言付け加えるが、この歌詞は、さきに紹介した赤泊の小獅子舞の大工の家の前でうたう歌詞に共通することに気づくであろう。そして(3)の獅子狂いは、一匹の牝獅子を二匹の牡獅子が争い、ついに一匹の牡獅子が自分の

ものにするというストーリーをもつものである。この構成が誰の考案によるものか、またここだけが何故他の小獅子舞と異なるのか、いろんな問題を投げかけてくれる。紙の張子に自生の苔を張り、海藻の髪をつけた、まことに素朴な獅子頭。それが象徴するようにここの小獅子舞は簡素な装束であり、素朴な踊りでもある。

佐渡風流考の最後を、相川町より北へ約二十五キロメートル離れた、旧の高千村である北田野浦の御礼智神社の祭礼の折の出し物である、北田野浦の小獅子舞を紹介しておこう。

私がこの地の芸能を調査したのは、昭和四十三年の十月であった。祭礼当日でなかったことと、出稼ぎのため若者がいなくなったため、実際には小獅子舞を演じてもらうことはできなかった。したがってここでは、古老たちの記憶と小道具などを拝見しての類推からなることを予めお断りしておく。

さて、北田野浦の小獅子舞は、その類型から見ると前浜の両津市赤玉の小獅子舞に近く、やはり花笠踊とともにある。しかし、ここでは花笠のことを一般には「ささらすり」といい、例年四月十五日（古くは七月二十日）の祭礼には、次のような順序で村内を廻わったという。

①　宮持ちまたは神主の家
②　神社（ここでは二庭舞う）
③　旧神社
④　金沢作手（一般にゴモントと称し、ここで小休止。酒・肴が振舞われる）
⑤　阿弥陀堂
⑥　踊り場（村の広場と考えればよい。一庭舞う）
⑦　高野長吉（ゴモント、小休止）
⑧　踊り場（一庭舞う。踊りは異なる）
⑨　西方寺（一庭舞う）
⑩　神宮または宮持ちの家（ここで解散）

以上の個所を一庭舞うか、またはオンダイコ、ボウフリ、ゲイウチのみにとどめるかは、その場所々々によって異なるが、一応そこを芸どころとして決めている。小獅子舞が演じられるのは、その一庭とある個所のみである。

北田野浦の小獅子舞は、牝牡の親獅子と子獅子とからなる。その形態は小木町のそれに近く、やはり子獅子かくしの芸を持っている。図のように三匹の獅子を囲んで六人のささらすり（花笠）が立つ。「昨夜(よんべ)生まれた獅子の子が、今朝の夜明けにかくしとられた」に始まる小獅子舞の芸は、白の帷子、袴、脚絆、手甲、草鞋等古老の説明からかなり小木のそれに近いものを感じた。と同時に、現地まで行って実際に見ることが出来なかったことは、今もって惜しまれてならない。

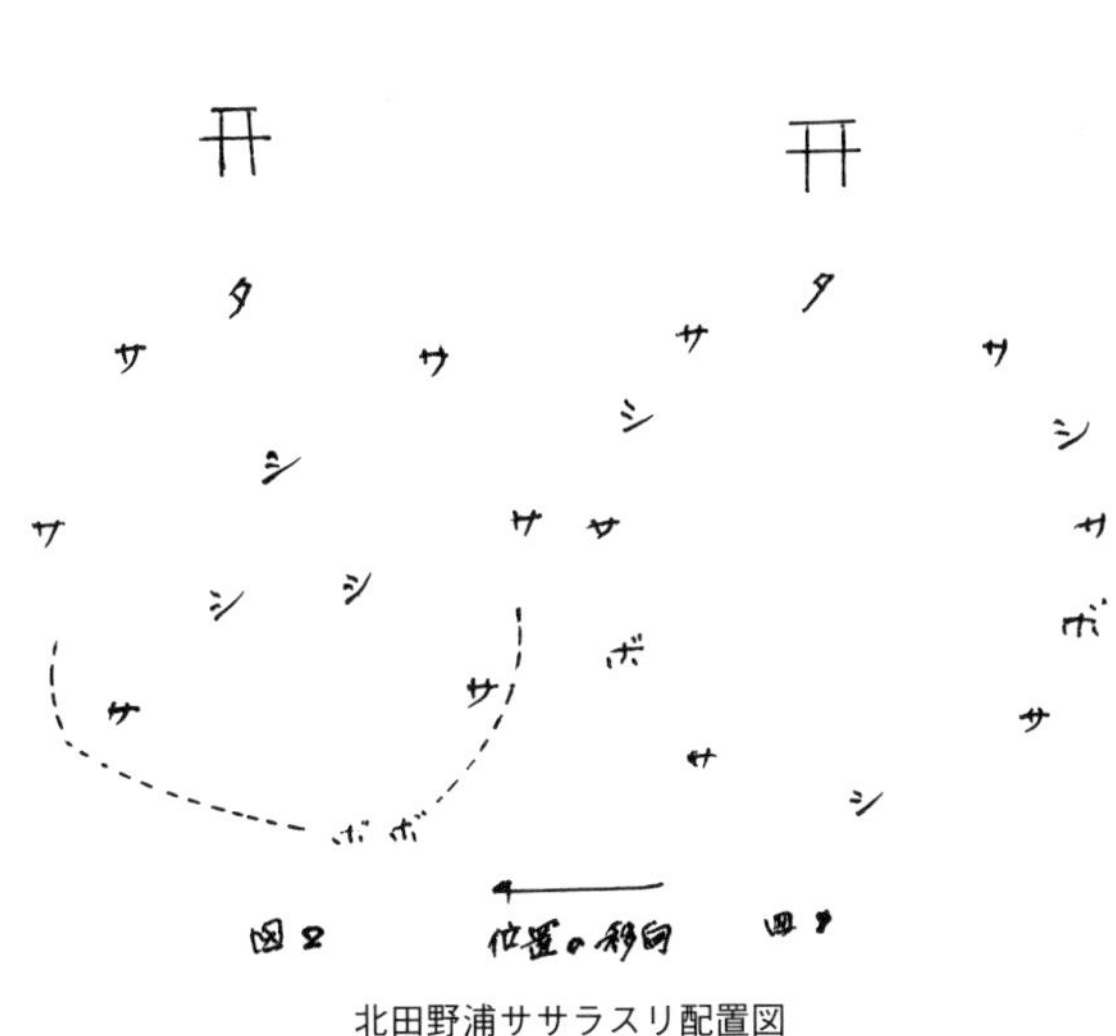

北田野浦ササラスリ配置図

八、越後風流獅子考

前章で「佐渡風流考」と銘うって主として佐渡の小獅子舞について紹介した。ところで、佐渡の風流の獅子に触れながら、越後のそれにふれないのもいささか不公平のそしりを免れないので、この度は、「越後風流獅子考」のタイトルで越後に伝わる一人立三匹獅子のことについて書くこととした。

佐渡に小獅子舞と称する美しい風流の獅子があったように、越後にもまた、それとはかなり趣を異にするとはいえ、力強い風流の獅子がある。その分布は、北は山形県境の岩船郡山北町（現村上市）から、南は小千谷市までと範囲も広いが、何といってもその集中地域は北蒲原郡で、わけても荒川（岩船郡）・黒川・中条・新発田・豊栄・笹神・水原の各市町村に集中している。この内、私がこれまで拝見してきたものは僅かで、中条町江上（現胎内市）の獅子、新発田市の上石川の獅子、豊栄町（現新潟市）の獅子、豊栄町内沼の獅子、笹神村発久（現阿賀野市）の獅子くらいで、他に小千谷市の下タ町獅子に過ぎない。これだけを持って、越後の風流獅子を云々することはおこがましいが、他に柏崎市在住の民俗芸能研究家桑山太市氏をはじめ先覚諸氏の発表されたものなどを参考にして、越後の風流獅子を紹介しながら、できたらその特性を明らかにして行きたいと思う。

私が、北蒲原郡中条町（現胎内市）の江上集落に伝わる獅子を初めて見たのは、昭和三十八年のことである。見たというより、獅子頭を拝見したと言った方がより適切かも知れない。たまたま県の社会教育課文化財担当を仰せつかったその年、江上の館（たて）の発掘があり、その手伝いに出かけ、獅子頭が残っていることを耳にして昼休みを利用して拝見に及んだというのが真相である。

獅子の道具は完全に残っていた。保存具合から近年まで行なわれていたことは明らかであり、早速古老を訪ね聞き書きに及んだわけであるが、古老の言と歌詞からみて、この地方の獅子は、水原・豊栄地方の獅子舞と、ややその流れを異にするらしい。土地ではこれを〝石川流〟と呼び、石川県から伝わったものと教えてくれたが、その源流はどうも近隣の新発田市下石川（菅谷）の獅子とみてまず間違いなかろう。

県立図書館の郷土資料室に珍しい本がある。『越佐風俗部　歌曲　所々盆踊歌　田歌船歌』の表題のある袋とじの和本で、小泉蒼軒の書写したものである。小泉蒼軒は寛政九年（一七九七）、小泉其明の長子として今町（見附市）にうまれ、名を善之助という。地理学に長じ、また郷土誌の研究にも力をそそぎ、数多くの文献資料の抄録複写等があるが、右の本もその一冊である。本書の末尾船歌の項に「右天保九さ月九日出雲崎本間李平指南の時草本写」とあり、またアナグリ、チョボクレの項に「文久二年十一月」ともあるので、天保年間に書写し、後追補したものでもあろうか。ともあれ、本書は越後における民謡集の最初のものと考えられる。

中条町　獅子踊歌

七月六日神事七月十八日昼計をどる赤川流なり、長はし小中山辺は石川流のまひなり

宮の前

今ン日チは村の家掛ヶの願ンばたし心しづかにはたせなかだち

天王

牛頭天王めんしゅところに御立あり、前は並松うらは高山

寺の前

和尚様は段に打敷うちかけて　ござるすがたはお釈迦なるさん

がらん前
おどりきて是のがらんをながむれば、こがねふきくさ光りかがやく
検断前
いかなる月日に生まれきて、八百やごんのむらをあつかふ
旦那衆
だんなさま金ンの小盆に包せんはなに給はる過分なるもの
百姓家
秋風やそよりと吹風そよりそよりと吹風は、是の作りは八穂で八ヶこく

（以上）

この中条町獅子踊歌もこれに収載されたもので、以上のうち略した歌に「紺屋前」、「馬喰前」、「ヒバサミ最初歌」等がある。それぞれの職業名のあるのは、この獅子がその家の前では、こうした決まった踊り唄を歌うということで、いずれもほめ唄として歌われたのである。

また赤川流とあるが、これがどのような流派の流れを汲むものかは未調査のため不明で

ある。ただ見たところ、この獅子踊は先に紹介した江上の獅子とは、明らかにその流れを異にする獅子踊であることだけは確かなようである。

ところで、これらの獅子踊りとはかなり距離の離れた、新潟県の南部にある小千谷市にも獅子踊りが伝承されている。小千谷市に伝わる下夕町獅子がそれで、これが世に紹介されたのは昭和三、四年の頃のことである。昭和五年一月に発行された『民俗芸術』という雑誌の第三巻第一号に青池竹次が「越後小千谷の獅子舞」と題して次のような報告を載せている。すなわち、「新潟県北魚沼郡小千谷町二荒神社に於て、毎年七月十四日十五日の正午に行なわれる獅子舞は、第一巻十号に、

下夕町獅子（小千谷市）

従弟横山孝平君が報告せられたが、同地の獅子舞保存会からの報告によると、曲目及び詞章に相違があるので訂正しておく。」と前置きして、「一、曲目　二、詞章」を書き記している。それによれば、小千谷の下タ町獅子の演目には、岡崎の舞、仕組の舞、かくすけの舞、橋渡りの舞、かくだいの舞、島渡りの舞、取組みの舞、雌獅子かくしの舞の八曲がおこなわれていたことがわかる。ただ、詞章の紹介において、島渡りの詞章の次に長唄とあり、取組みの舞、雌獅子かくしの舞の詞章が省略されているのはどうしたことか。なお、氏の説明によると、「獅子舞をする少年を稚児と呼んでいる。なお舞は小千谷町下町の鎮守諏訪神社に行なわれていたが、十二、三年前、神社が二荒神社に合祀されて以来、二荒神社の神輿渡御の際、定まった家の前で行なわれるのである。」というのである。これらの記録は、今日私たちが、二荒神社の祭礼のために行なわれていた芸能だと思い込んでいたこの下タ町獅子も、案外他の祭礼や他の目的で行なわれていたことを教えてくれた貴重な記録資料である。

ともあれ、私が下タ町獅子に接したのは、二、三年前、小千谷市横町の「巫女爺さ」を調査した折のことであった。私は下タ町から二荒神社、小千谷病院前までこの獅子を追いかけ、とくと拝見させてもらったのである。獅子を子どもが演じのはここだけではないが、しかし比較的少ないのも事実で、しかもその踊り方は、群馬県の北部地方に伝わる三匹獅子に似ていた。

ただ群馬のそれは、中心となる日傘はないが、やはり共通したものが感じられ、本県の下越地方に伝わるそれとは、かなり異なった印象のあったように思われるのである。

岡崎の舞

〽山からす　山を離れて里へ出て　これのお宮で　羽を休めた　羽を休めた
〽松山の　松にからまる蔦や蔦は　縁が切れれば　さらりほぐるる　さらりほぐるる
〽山寺の　鳴子の障る後へ引けおも　我等の太鼓は　あとへ引きあわせぬ
あとへ引きあわせぬ

仕組の舞

〽廻れ廻れの水車　おそく廻れば　堰にとどまる　堰にとどまる
〽浮き草の　根にはなれども　葉根(はね)はいらでか　次第次第に　あとへ引かるる
あとへ引かるる

かくすけの舞

〽京の御館　唐絵の屏風　一重にさらりと　立て廻した　立てまわした
〽沖の水戸中の浜千鳥　浪にうたれて　はらはらとたつ　はらはらとたつ
〽あまり踊れば　花が散る　いざや友達　花の都へ　花の都へ

橋渡の舞へ

〽橋を渡りて　あと見れば　橋は黄金と　光かがやく　光かがやく
〽深山の奥の　鳴る雷は　それある時には　雲を起すぞ　雲を起すぞ
〽一つ跳ねたるきりぎりす　続いて跳ねれば　綾の機織　綾のはたおり

かくだいの舞

〽山からす　山を離れて　里へ出て　この宮で　羽を休めて　羽を休めた
〽沖の水戸中の浜千鳥　浪にうたれて　はらはらとたつ　はらはらとたつ
〽あまり踊れば　花が散る　いざや友達　花の都へ　花の都へ

蔦渡りの舞

（囃子があって山の神を先頭に獅子が各々蔦桂を渡る）

〽蔦を渡りて　うしろを見れば　蔦は黄金と　光かがやく　光かがやく
〽深山の奥の　鳴る雷は　それある時には　雲起す　雲起す

〽天竺の鍛冶屋の娘は機織上手で　拍子揃えて　きりを細かに　きりを細かに
　　長唄
〽参りきて　これのお宮を眺むれば　四方は切り目の　枡形の宮

地域的に順序は逆になったが、今、北蒲原郡笹神村（現阿賀野市）発久に伝わる風流の三匹獅子は、元滝沢村（旧豊浦村・現新発田市）の獅子舞であった。それが何時、どうして発久集落で行なわれるようになったのかは、ついぞ聞きもらしたが、かなり早い時期であったのではなかろうか。

私がはじめて発久の獅子舞に接したのは、昨年（昭和四十四年）の「福島潟民俗緊急調査」の折であった。たまたま笹神村で民俗芸能大会が催され、私に見て欲しいというので出かけたのが発久の獅子とのそもそものなれ初めである。その後、再び彼の地を訪れることになったのであるが、そのことはさておき、この時拝見したのが、次に紹介する「踊伝覚書留」なる巻物である。

獅子が巻物を捧持する例は、埼玉県地方にはかなりあるが、本県では角兵衛獅子を除き、見附市小栗山の獅子舞とこれだけである。あるいは他にもあるのかも知れないが、不幸にして未だ拝見していない。それも文化年間の巻物は、卑見によればこれが最初である。しかも私を喜ばせてくれたのは、その内容である。実に獅子の形態が詳細に記されているということである。例えば、「かくたひ踊」の内容を見ると、

道行　大鼓ひゐほら貝也
踊始メ　女獅子より先出ス
大鼓　たゝす、〱、〱、〱、たんたん
二番　たい獅子出ス　大鼓同断
三番　おふ獅子出す
右三獅子揃ふ　直ニ歌曰
　大鼓のとうをきりりとしめて
　ささらをさらりとすりこんだ
此大鼓 たこたこたんと
次にべい大鼓ばかりにて歌切り壱仕切り
次　二人の歌掛り　但し此時笠出す…

といった具合に、実に細かな記載なのである。

地方に伝わる芸能には、資料が不足であるということばをよく耳にする。事実少ないのであるが、もしこうした資料が次々に発見されたら実に愉快であろう。いや愉快ばかりでなく、もっと民俗芸能の研究が進展することであろう。

ともあれ、この資料には、「文化元甲子天六月書写之　但し志田喜左衛門より聞く」、「越後蒲原郡白川庄滝沢村　戸塚氏　書写主同村渡辺兵衛」と巻尾にそうも記されてあった。

いささか横道にそれたが、私は最近角兵衛獅子芸の成立に非常に興味を持っている。

小栗山の獅子舞（見附市）

角兵衛獅子の成立については、先に「角兵衛獅子」の項で紹介したが、ここで言うのは、その芸の成立についてである。

『嬉遊笑覧』に「越後獅子を江戸には角兵衛獅子といふ越後にては蒲原郡より出るによってかんばら獅子といふとぞ角兵衛獅子は恐らく蒲原獅子の誤ならむ」とある。角兵衛獅子が蒲原獅子の誤りであったかどうかは今のところ明らかではないが、この獅子が蒲原郡一円に伝承されている風流の獅子を基調としていたであろうことは先覚の意見を聞くまでもなく、考えられることである。しかし、それが、どのように結びついていたかというと、これまで全くその答えを聞かない。

この角兵衛獅子の芸について、私が最近問題にしているのは、たまたま先にも紹介した笹神村発久の獅子を拝見したからである。

長唄『越後獅子』の中に、「向う小山の紫竹だけ…云々」の小唄とともに「十七が室の小口に昼寝して…云々」の小唄がある。これは明らかに獅子唄の中のほめ唄として広く分布しているものであるが、長唄越後獅子の作詞家は、この獅子唄を明らかに意識してここに導入したもので、これが角兵衛獅子で本当にうたわれていたかどうかは今のところ不明であるが、うたわれていたとみる方が、より妥当であろう。とすると、これが発久の獅子の「十七の室の小口に昼寝して、花のかかるを夢に見た」と共通するのである。しかし、私が角兵衛獅子の芸の成立のため、発久の獅子を注目したのは、この小唄が共通するだけではなく、獅子の舞い込もみにあるのである。すなわち、発久の獅子が最初に行なう芸、「角内踊（かくだいおどり）」が子どもたちによって踊られたからである。

角内といえば、あるいは想い起こす人もあるかもしれないが、角兵衛獅子成立伝説の一つに、角兵衛の子角内、角助の兄弟が親の敵討ちをするため逆立ちをして諸国を巡ったという伝説があることを。その名と共通する角内踊を、芸の皮切りとするのも面白いが、これを獅子若衆といって十二、三歳の少年によって踊らせるしきたりとなっていることは、まことに興味深いものがあるといわざるを得ない。

角兵衛獅子といえば、私はもっとも角兵衛獅子の芸に近い獅子舞を、北蒲原郡豊栄町内沼に伝わる「内沼の獅子舞」の中に見た。

角兵衛獅子芸の本領は何かといえば、それはアクロバット的な演技であろう。その芸風をこの内沼の獅子舞は保有しているのである。

私はこれまで、かなり多くの三匹獅子を見て来たが、これほど激しい獅子は初めてである。それは、芸の中に、「つぶれる」（土地の人々はこう呼んでいる。）という演技がある

からであろう。「つぶれる」とは、地面に伏す型で、例えば「磐石」という踊りがあるが、

〽大磐石の岩が崩れて　うちかかろとも
心しずめ　遊べ友達　遊べ友達
ダゴダゴ　ダッタゴ　ダッタンダー
ダゴダゴ　ダッタゴ　ダッタンダーコーダーン

ときて、この太鼓の音とともに「つぶれる」という所作が入り、また「ダーンダゴダゴ」と太鼓が打たれるのである。もちろんこの獅子の激しさは、この「つぶれる」型だけではなく、全体的に上下、左右に激しく動く所作が多い。

私が先に角兵衛獅子芸の祖形をここに見たとしたのは、角兵衛獅子芸の成立過程において、こうした所作が無意識のうちにそれぞれの素材となり、ヒントとなって後の軽業芸にまで発展したと見たいからである。

内沼の獅子舞は、いわゆる風流の獅子である。だから舞とあるが、舞ではなく踊りなのである。一般にこの地方では、獅子踊りとはいわず獅子舞という慣わしで、神楽（獅子神

内沼の獅子舞

内沼の獅子舞

楽、すなわち獅子舞）と区別しているのである。

舞とか踊りとかいうことはさておき、この獅子舞、すなわち獅子踊は、毎年九月一日、二日（昭和四十四年八月十四、十五日）の両日、綿向大明神（四社合祀後内沼神社に改称）の秋季大祭に、近江屋組、戸右衛門組、飯野鼻組の有志によって奉納される。

その芸はかなり多く、それを大きく「舞」と「曲舞」とに分けるのが通例で、舞には、面をつけて踊る「四つ綱」、「弓舞」、面をつけないで踊る「角田」、「国分」、「八ッ足」、「浦島」、「十七」、「岩竹」、「岡崎」などがあり、曲舞としては、いわゆる獅子踊りの本芸に当たる「獅子狂い」などがこれに属するようである。

最近、水原町博物館から公刊された『水原郷の民俗芸能』によれば、この地方にも、かつてはかなり多くの三匹獅子が行なわれていたらしい。いわく、水原町の外城の獅子舞、百津獅子、南町獅子、京ヶ瀬村の姥ヶ橋古代獅子、駒林獅子がそれで、このうち、私が拝見しているのは、僅かに「外城の獅子舞」一か所である。これをもって水原郷の獅子舞を云々することは、まことにおこがましいが、本題が民俗芸能見聞記であるから、勇を奮ってその印象と見聞を書き進めることにする。

私が外城の獅子舞にふれたのは、昭和四十三年の新潟県芸術祭の民俗芸能部門に外城の獅子舞の出演が決まった折のことである。その解説を書くため水原町を訪れたのがそのはじめである。但し、その演技は芸術祭当日一回見たのみで、今もって再度拝見する機会がない。それは自らの怠慢から来るものであるが、機会をみてもう一度は見たいものと心に念じている。ともあれ、その時私は次のような解説を書いた。

水原町外城、八幡宮で毎年九月一日（古くは九月十五日）に奉納された外城の獅子舞は、一人立三匹獅子のいわゆる風流の獅子である。その由来には、正保年間とも、また寛永元年瓢湖掘削の際ヒョットコの面を掘り出し、これを着けて舞ったところ村が栄えたことよりはじまると伝えているが詳らかではない。牝獅子、牡獅子二、花笠・綱持二、ヒョットコの計六人の構成で、その舞には獅子舞、伝吉舞の二番が伝えられているが、関東流の風流獅子と異なり、牝獅子かくしの芸を持たないのが特徴である。踊りは社前の外、村役人の家、農家、商家などの庭で行なわれるが、それぞれ歌詞を異にしている。

この解説の中では歌詞を省略したが、私はこの獅子舞の中で、次の歌詞を注目している。

すなわち、

〽獅子の子が、生まれ落ちてこうべ振るわい　立てや獅子の子

というのがそれで、これは明らかに初期における角兵衛獅子の基本的歌謡と目されるからである。

ここ二、三年、民俗芸能に対する一般の関心が急速に高まりつつあるようだ。世相が落ち着き、昭和元禄がもたらした平和のムードの中で、それならば民俗芸能でも見てやろうかという心のゆとりでもあろうか。あるいはまた、郷愁にも似た心情の現われでもあろうか。何はともあれ、民俗芸能を愛する者の一人としてまことに喜ばしいことである。

こうした新しいムードが新たに芸能研究を志す学徒を生み出してくれたらさらに嬉しいのであるが、現実にはどうもそうはいかないようである。世の民俗学者と称する人々が、こぞって民俗芸能は難しいと敬遠するのはどうしたことなのであろうか。難しいといえば、何だって難しい。学問を志す以上、その難しさは当初から覚悟しなければならない事柄なのだと私は思っている。確かに芸能研究は、その芸能の持つ構造から、舞踊の研究、

音楽の研究、文学の研究、民俗の研究、社会の構造や組織の研究等々総合的に研究しなければならない学問である。どの一つを欠いても、真の研究とは言えないかも知れない。しかし、そのすべてを究明し尽し、その上に立って芸能を研究している人々が何人いるであろうか。恐らく一人もいないであろう。それぞれがその専門の立場から芸能という柱に向って考究しているのが現実であって、それらの主体的、有機的な学問の成果を総合化することこそが、芸能研究にとって大切なことであると私は考えるのである。だから、自らの専門の立場から、それぞれの研究をすればよいのであって、その点ではあまり難しい学問領域ではないと考えているが、いかがなものであろうか。

私が昭和四十年、県内の市町村教育委員会の協力を得てまとめた『新潟県民俗芸能暦』(昭和四十二年刊)以後、本県の民俗芸能は一〇〇以上増えている。このことは、市町村教委や公民館をはじめ一般の人々が、芸能に対して深い関心を寄せて来たことのたまものに外ならない。この関心こそ芸能研究にとって大切なことで、この芽を大切に育ててもらいたいものである。

九、念仏踊考

念仏踊りもまた風流の芸能である。その起源を空也上人や一遍上人に求めるのも、今日学会の定説となっている。この人たちが布教のため、念仏を唱え、鉦や太鼓を打ち鳴らしながら踊ったというのである。いわゆる歓喜踊躍念仏である。だからといって、本県の念仏踊りの起源をこれに求められるかというとそうとはいえない。

新潟県は、古くから信心深い県民性を有することで有名である。人間が純朴であるせいかも知れない。しかし本質的に

本県仏教系一覧（県宗教法人名簿より）

宗派	数	宗派	数
曹洞宗	八一〇	天台寺門宗	九
真宗大谷派	九〇〇	法華宗陣門流	三八
浄土宗本派	四一	真宗浄興寺派	一四
浄土宗本願寺派	二九一	臨済宗円覚派	九
日蓮宗	一四二	修験宗	三五
真言宗智山派	一九〇	如来教	一
真言宗豊山派	二〇二	本門仏立宗	三
真言宗醍醐派	六六	神習誠照寺宗	一
高野山真言宗	一九	黄檗宗	一
天台宗	一八	臨済宗抄心寺派	三
時宗	二三	新義真言宗湯殿山派	一
真言教団	五	真言律宗	三
臨済宗東福寺派	二	卍教団	一
日蓮正宗	三	真言宗御室派	四
真宗高田派	一二	日本山妙法寺大僧加	二
真宗仏光寺派	四四	真宗北本願寺派	一
浄土宗	四〇	その他	六五

は、新潟県が持つ風土と、その風土からくる生活の厳しさが本県人をして信仰に走らせる大きな要因になっていると私は考えている。昭和四十年、県地方課が行なった宗教法人調査の統計によれば、本県宗教法人の登録数は八、二五一で、うち神道五、二一一　仏教二、九九八　諸教四二であるという。この数によって本県の信仰心の度合を計るわけにはいかないが、参考にはなろう。

私は今、本県の信仰に触れようとしているわけではない。ただ、この信心深さがどのような形で念仏踊りに関与しているかを知りたかったのである。

昭和四十二年十一月、私は県の教育委員会が実施している岩船郡文化財総合調査のため、県北の岩船郡山北町（現村上市）へ出かけた。主として生活習俗の調査である。その折、たまたまある集落にさしかかった時、老婆やおかみさん達が手に手に風呂敷包みを持ってお堂に向かう光景に出くわした。念仏講があるというのである。

念仏講は十畳程の広さのお堂の中で行なわれる。正面に小さな仏壇を配し、部屋の中央にいろりが切られてある。いろりの周囲はすでに百万遍念仏用の数珠が置かれてあった。時間も早かったせいかまだ人が集まってはいなかった。しかも、私にも時間がなかったので、実演は見られなかったが、後で話しに聞くと、この山北周辺は、各集落ごとで今も百万遍念仏が行なわれているということである。

ところで、私たちが、一口に念仏といっているものも、これを具さに検討すると、地方々々によってその趣を異にすることがわかる。これを使用する法具や形態により分類すると、おおよそ次のようになるであろう。

① 百万遍念仏
② 双盤念仏
③ 六斉念仏
④ 踊念仏
⑤ 大念仏
⑥ その他

また、これを目的別に見ると、

ア、農耕儀礼に関する念仏
イ、悪魔退散に関する念仏
ウ、追善供養に関する念仏

等に分けられる。

百万遍念仏とは、いうまでもなく供養のため百万回念仏を唱えることから起こった名称で、先に紹介した山北町の例もこれに属すものであるが、それは数取りとして大念珠を繰るのが一般で、本県各地の例を見ても、その殆んどが百万遍大念珠を使用している。

双盤念仏は、双盤を打って念仏を唱えるところから起こった呼称である。本県では比較的例が少なく、佐渡郡小木町琴浦に「三遍返し念仏」の名称でこれに類するものが伝承されている。

六斎とは、一般に六斎日といわれる上半月の八日、十四日、十五日、下半月の二十三日、二十九日、三十日の六日を指し、この日健康な比丘が集合し、布薩説戒したところから起こったといわれる。もちろんこれには異説もあるが、そのことはさておき、六斎念仏は殆んど関西地方に集中し、本県では殆んど見られない。

念仏踊りは、踊躍歓喜の法悦境を自己の動作によって表現し、他をもそれに誘引しようとするところから起こったもので、その元祖を一般には空也上人に求めている。一遍上人縁起絵巻第二に「そもそも踊り念仏とは、空也上人あるいは市屋或は四条辻に始行給けり」とあるのがそれである。

本県では、佐渡郡相川町、新穂村及び「大の阪」という盆踊り化した念仏踊を伝える北魚沼郡堀之内町（現魚沼市）のそれを挙げることができよう。

さて、念仏講と銘打ちながら「念仏」について触れてきたが、もう少しそのことについて述べよう。

「大念仏の基本的形態は道俗の大衆が多数参加して、念仏を合唱することにある」と『民間念仏信仰の研究』（仏教大学民間念仏研究会編）は述べているが、大念仏というとすぐ想起するのは、謡曲の「隅田川」である。人買いにわが子をさらわれ狂女となった母親が、その跡を問いつつ隅田川にたどり着き、彼方の岸の群集を認め、旅人が訳を聞くと、船頭が「あれは大念仏ですよ」と答える一幕がある。塚の前で念仏をする。こうした念仏形態は本県には残っていないが、これに類するものとして、佐渡の一国念仏などを考えてもよいのではなかろうか。

私は、先に念仏を分類した時、その他の項を設けた。その他に類するものとして、「虫供養念仏」、「虫送り念仏」（佐渡郡相川町・小木町・新穂村）、「雨乞い念仏」（小木町）、「麦念仏」（小木町）「祈祷念仏」（両津市・小木町・新穂村）、「おかねさん念仏」（県内一円）、「通夜念仏」、「葬送念仏」、「無常念仏」、「長念仏」等葬式に関係ある念仏、「釘念仏」（小木町）、「十三仏念仏」（東蒲原郡津川町）、「引声念仏」（西蒲原郡分水町）、「たより念仏」（小木町）等かなり多くを数えることができる。

私は冒頭に、本県には古くから信心深い県民性を有する人々が多いというようなことを述べたが、そのことは、以上の念仏講の各種各様な姿を紹介することによっても、ある程度納得がいくであろう。しかし、このように多くの念仏を持ちながらも、それが踊りに発展して行ったものはごく僅かである。佐渡の国仲地方に伝わる「念仏踊り」、盆踊りの形態で伝承された堀之内町（魚沼市）の「大の阪」（県指定無形文化財）、最近、北蒲原郡笹神村（阿賀野市）の芸能大会のおり上演された「念仏踊り」位のものである。このことは、念仏がそのまま念仏踊りに発展するものではないということを示している。念仏と念仏踊り、その間には共通する点も多いが、その成立において本質的に異なるもので、本県の念仏踊りもまた、単に念仏からの発展ではなかったのである。

民俗芸能の舞台化の功罪はよく論議される問題である。全国芸能大会、ブロック別民俗芸能大会、県民俗芸能大会、市町村郷土芸能大会、その他各種催し物のアトラクションとしての芸能公開、果ては「ふるさとの歌祭り」まで、確かに芸能の公開の機会は増し、居ながらにして全国の民俗芸能を見る機会も多くなった。しかし、ただこれを有難いことだとだけ考えていていいのであろうか。私には時折その疑念が脳裏から離れず、また自らその答えが出ないで困惑することがある。それはかく云う私自身も機会あるごとに各地の芸能を舞台に上げている一人だからである。

民俗芸能は、元来制約の中で発生したものである。時間の制約、人の制約等々、芸能によってはかなり多くの制約を有することは事実である。だからといって、果たして全ての芸能が同一の制約（舞台）のもとで行われてよいのであろうか。

民俗芸能には、演出はないという人々もいる。それは、それなりに真実であるが、私はその人たちが、ともすると芸能そのものが長い年月、繰り返し〳〵伝承されているうちに、自然の演出を身につけていることを見逃しているのではないかとさえ考えるのである。民俗芸能にもやはり演出はあると考える。しかし、それは特定の人による演出ではなく、従って狭義には演出はないとしても間違えではなかろう。

ともあれ、私は新穂村に伝わる念仏踊りを見て、芸能の舞台化と演出の妙による面白さと恐ろしさの二面性を見たような気がした。

念仏踊りの中の流し念仏と称するものは、元来念仏を唱えながら各戸を流し歩いたものである。それが、今見るとまことに鮮やかな踊りとなっている。太鼓の囃子につれて、前後二列に並んだ踊り手が、手振り面白く踊りながら、前後入れ替わるという趣向さえ振りつけられているのである。

話によれば、以前佐渡で芸能大会が開催され、それに出演したときから現在のように変わったのだという。ここでも念仏本来の精神とはかけ離れ、やはり美しく見せようとする美意識過剰な芸能に成り下がってしまったのであろう。

芸能は、時代とともに変わるべくして変わるというが、人の手によってこのように改変はどんなものであろうか。

〽大の阪ヤーレ七曲　駒を
　ハアヤレ　ソリャ
よくめせ旦那様
よくめせ駒を　南無西方
よくめせ旦那様

昭和十四年、民謡研究家の町田嘉章（佳声）氏により全国に紹介されたこの唄は、北魚沼郡堀之内町（現南魚沼市）に古くから踊り伝えられた盆踊り唄である。

堀之内町は、ＪＲ上越線沿線にある極めて閑静な田舎町であるが、かって小千谷、十日町とともに越後縮布の集散地として知られ、かなり繁昌した町である。大の阪踊りは、この堀之内町が縮布市場として京阪、江戸方面との取引きが頻繁であった頃、問屋筋によって移入されたと伝えている。

これがどのようにして盆踊りに変わったのかは詳らかではないが、秋田県鹿角郡毛馬内町の「大の阪」、奥羽・南部地方の宮古海岸に伝わる「七月踊唄」は、ともに盆踊りの形態を有するものと目される点、戦後生活改善運動とともに、盆踊りに「相馬盆唄」が採用され、流行したように、この大の阪も、京阪地方から次第に各地に伝わり、越後や東北地方にまでその痕跡を残すに至ったのであろう。

文献の上での「大の阪」の初見は、恐らく元治元年の『越後土産』であろう。その初編に、相撲の番付のように盆踊、棒踊、獅子舞、綾子舞等とともにこの「大の阪」が念仏踊りの名で記載されているのである。大の阪が別名念仏踊りの名を冠するのは、前掲の歌詞によっても明らかなところで、その区間に決まって「南無西方」の文句が入っていること、曲節に御詠歌風の哀調があり、踊りも右回りであるという点である。多分宮古海岸でこの唄に「七月踊唄」の名を付けているように、これもまた七月の盆の精霊踊りの一種であったのであろう。

〽てんま町の橋に寝て
　笠をとられた川風に

八幡宮の境内に、高さ六メートルほどの櫓を組み、老若男女町民挙げてこの周りを二重にも三重にも踊る姿は、夏の夜を彩る風物詩であり、幾度となく禁令にあいながらも、密かに伝え来たった古人の執念をも感ずるような踊りである。

十、大道芸と門付け芸

大道芸について、『演劇百科大事典』（平凡社）には「辻芸ともいう。町辻や盛り場の野天の街頭、卑俗な芸能を演じて、通りがかりの人の足を止め、銭をこいまたは物を売るもの。同じく街頭の芸能でも、家ごとに訪問する門付芸と一応区別されるが、中には両者を兼ねるもの、また両者間を移行したものがある」とある。私がこれから述べようとする芸能は、あめや踊りや、歌祭文、読売り等を除くなら、すべて門付芸の範疇に属するものであるが、一応大道芸のジャンルでこれをとらえることとした。

本県の大道芸の代表といえば、それは何といっても西蒲原郡月潟村に残る、いやかって月潟村を中心に各地を巡業した角兵衛獅子を挙げなければならないが、このことについては、先に詳述したので、以下春駒、大黒舞、あめや踊り等を中心に、その見聞を紹介することとする。

私が佐渡相川町（現佐渡市）に伝わる春駒に接したのは、もうかれこれ七、八年前の頃である。相川町公民館のホールへ佐渡おけさを聞きに行ったおり、その日の出し物の一つとして演じられたのが、この春駒であった。

聞くところによると、その時演じてくださった役者の一人は、もはや他界されたとの由、この紙面をお借りして、ご冥福をお祈りしたい。

ところで、その時演じていただいた演目は、確か「保名狂乱」「さまよ」「めでた踊」「金持踊」の四曲であったように記憶している。アカネ染の手拭をかぶり、その上に房のついた木製の平たい笠をのせ、赤い模様の袖無羽織、手甲、脚絆、足袋に草鞋姿、手にはそれぞれ踊りによって鳴輪、幣束、金扇を持ち、木製の馬の頭を股につけ、後ろに丸い笊をつけ

佐渡の春駒

て馬の尻に見立てた駒乗り姿、顔は相川金銀山で成功した山師味方但馬の顔をかたどったという木製のグロテスクの面をつけ、

〽めでたやめでたや　春のはじめの春駒何ぞや
ソレバエン　ソレバエン　めでた踊り

と囃す地方(じかた)の唄につれ、面白、おかしく踊る姿が印象的であった。

佐渡の春駒については、相川生まれの絵師石井文海（一八〇四〜四九）が、『天保年間相川十二ヶ月』と称する絵巻の二月の項に、「二月春駒といへる事して　乞児人の門辺に立ちて舞ひうたひ　施をうく　是のかけたる面は簫吹く者のおもてに似たり　往古面打の名匠春日の作なりといひ伝へたれといふよし」と記している。また佐渡奉行所地役人で歌人の蔵田茂樹（一七九八〜一八五三）の書いた『鄙の手振』（文政十三年）には、「春駒といふもの家々に物乞ひありく、そはかたゐの業にて、目はたてさまにつき、口は耳元にあるとおほめるゝ許りの赤き作り面に顔をかくし、黒き笠をかつぎ、木もてうつし色どりたる駒の頭を、うちのれらむがごと前に結び、後には大きやかからなるかれまを横ざまに駒の

尻と見ゆばかりつけて、はきまき（ママ）などしつつ半臂のやうなる物をぞ着たる。何の化けたるにやといと異様にて、門の辺にたていて、家ぬちうかがひ乍らあざれ言ひつつ、扇高くつかひ、鈴のさましたるもの打ち振る。又田うゝるさま、黄金穿る形などまねびて、あるは舞ひ、あるはうたふ。かたへにつれたちたるも、はうしとりて、太鼓折々うちならしかひ料かい料とよばふに、隣の方へと急ぎ行きぬ。のとけき春のめでもなりける」と、春駒の門付けのさまを詳述している。

春駒は、佐渡では「ハリゴマ」と訛り、「男春駒」と「女春駒」の二種に分けて呼んでいる。男春駒は前述した石井文海、蔵田茂樹が見聞した駒乗り姿のものをいい、女春駒は、

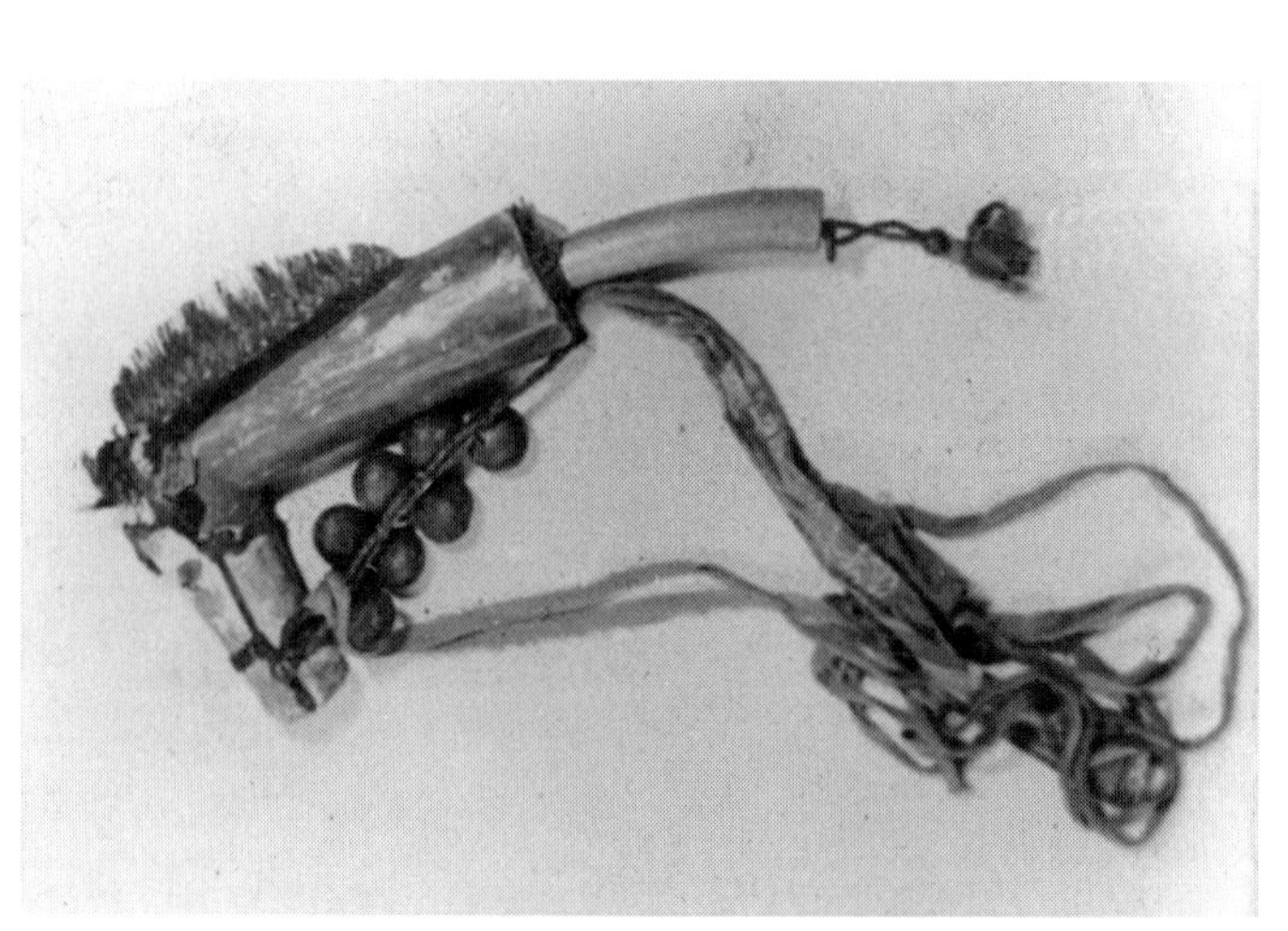

佐渡女春駒

木製の小型な駒頭を手に持って踊る姿をいう。女春駒の駒頭については、以前私は佐渡博物館で拝見したことがあるが、踊りについて未だ接する機会がない。佐渡郡真野町在住の郷土史家山本修之助は、この春駒について「この頃は、これらの人（相川町居住の春駒を指す）以外に、国仲地方の素人が習いおぼえて、祝儀の時などお座敷で演ずることがある」（『民俗芸能』第四号）と述べているが、あるいは女春駒は、お座敷芸として後に発生したものであろうか。

ところで一体、春駒とはどういう芸能なのであろうか。また佐渡の春駒は、わが国の春駒芸の中で、どのような位置づけをしなければならないのであろうか。

春駒がいつ起こり、今日のような芸にまで発展したかを詳らかにすることは至難の業であるが、ただ、春駒の名称が、馬の頭をつくりものとして、初春に訪れるところから起こった名称であるということぐらいはいえると思う。もと農村における養蚕を祝福するために各戸を訪れた芸能である。それが、やがて都会に出てもの乞いに変わった。私はまだ拝見していないが、本県の頚城地方や魚沼地方に伝わる春駒も、また群馬県、長野県等に伝承されている春駒もすべて養蚕の予祝のためであり、祝福芸の一つである。

馬と蚕の関係については、池田弥三郎も指摘しているように、馬と人間の娘とが契って蚕が生まれたという伝説に起因しているものであろう。とにかく春駒は、佐渡のそれを除けば、すべて養蚕と深い関係にある。換言すれば、養蚕のないところには、かつて春駒も存在しなかったともいえる。それが佐渡のような例をみたのは、これが都会に出て、もの乞い芸と変わり、再び地方へ下った春駒の姿で、もはや素人芸とはいえない芸である。従ってこれらの芸は、その地方々々の特色を生かし、また芸も高度なもの（品位が高いという意味ではない）に変化し、さらに他の芸能をも吸収して、複雑化した、いわゆる我々が今日見る佐渡の春駒へと発展したのである。しかし、それは芸の内容と演者の身分にもよ

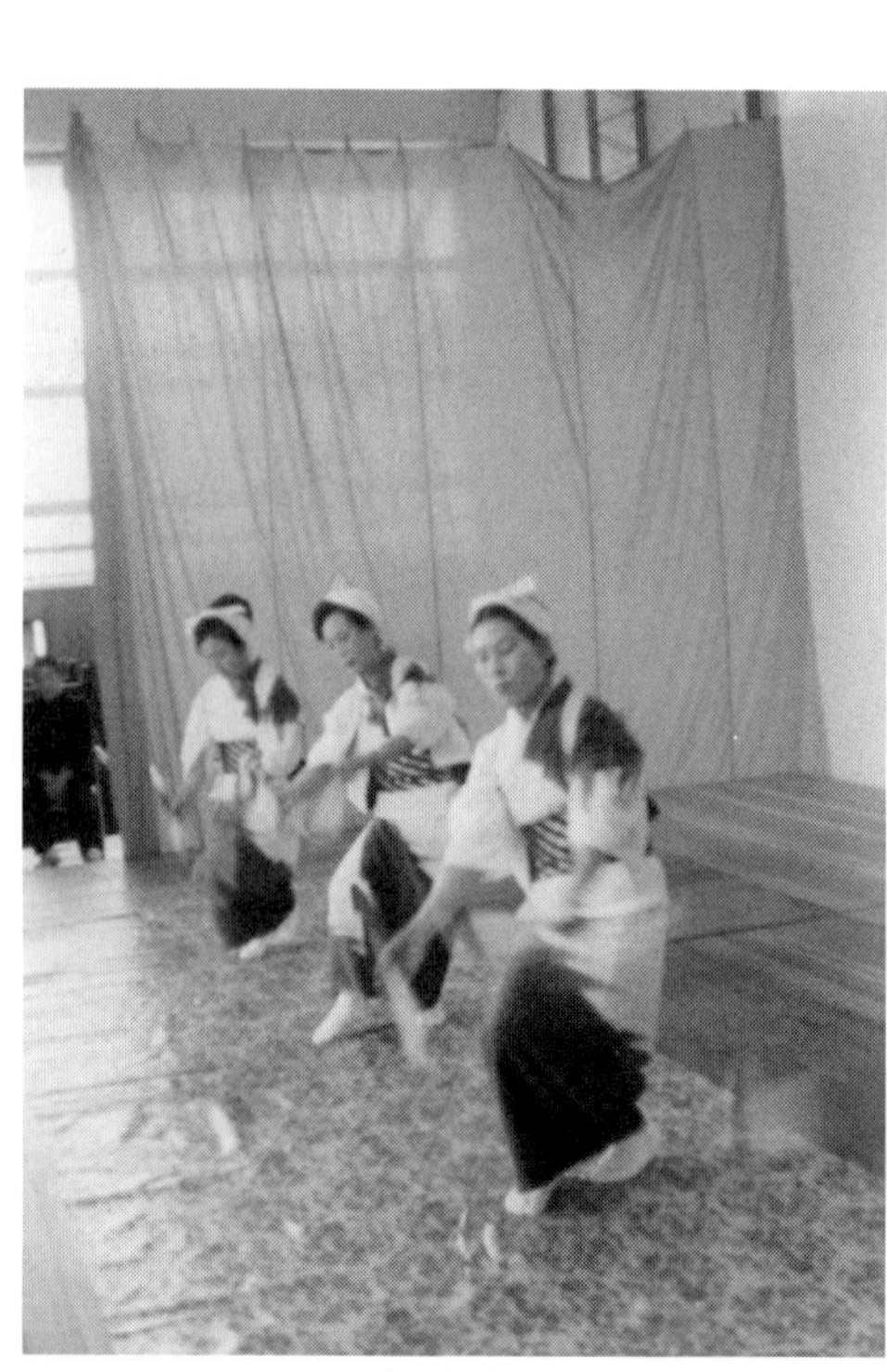

上越市春駒

るが、舞台芸とまでは発展せず、あくまで春駒の本義を失わない初春を「ことほぐ」門付け芸として今日に至ったのである。

いまや民俗芸能の危機の声が識者の間に高まっている。ふるさとの歌まつりや、各地の民俗芸能大会を見てもそれは盛大であり、また芸能に関心を寄せる人々も年々増加し、各地に保存会や後援会が結成されている。にもかかわらず危機が叫ばれているのはどうしたことなのであろうか。思うに、それは今日の芸能公開が、芸の本質とは関わりなく行なわれるからで、春駒もまた、ステージという舞台に上がる時から変質が始まるということを忘れてはいけない。

大道芸の一つに「あめや踊り」という芸能がある。頭にタライ型の桶を載せ、大道で飴を売るかたわら、乞われるままに芸を披露する。これがあめや踊りである。

以前、私もこのあめや踊りに興味を持ち、手許にある芸能関係の辞典類を、手当たり次第ひも解いて見たことがある。ところが、不思議なことに、どの辞典にも「あめや踊り」という項目が見当たらない。見当たらないどころか大部分の辞典は、ただ一言、大道芸の項目に「行商人として移動して歩く薬売り、飴売りなどは唄をうたい、踊りをおどり、あるいは浄瑠璃役者の物真似、声色などを愛敬とした」（『演劇百科大事典』３の４５４頁）

とだけ説明しているのである。

あめや踊りは、わざわざ項目を起こすに及ばないほど、あまりにもひ弱な芸能であったためであろうか。

ともあれ、私が本県にもあめや踊りが伝承されていることを耳にしたのは、つい最近のことで、しかもこれを実際に拝見したのは、僅か半年前ほどのことであった。

私の「あめや踊り」との出会いは昭和四十五年、長岡市教育委員会から、長岡市教委主催の第一回民俗芸能大会を開催するので、見て欲しいとの誘いがあり、これを拝見したのが最初であった。確か当日演じてくださったのは、長岡市の大積町の面々であったように記憶しているが、実はこの踊りを拝見し、いささかびっくりもし、またがっかりもした。それは芸が拙かったためでもない、出演者の皆さんが不熱心であったということでもない。いやむしろ芸も上手く、まとまりもあり、また熱心でもあったが、私が想像していたあめや踊りとはかなりかけ離れ、あまりにも芸が変化していたためである。

〽ハァエーコリャ　さてもや一座の皆さまへ　コリャ
わしがこれからよみますよ

〽ハァエーコリャ　文句は何やとたずねたら　コリャ
　あめやがたりにござそうろう

あとで長岡市から送っていただいた歌詞には、左のようなことばで始まる長い口説き唄が記されてあった。

大道芸の最後を、越後の瞽女で結ぼう。

瞽女を大道芸の範疇に入れることには反対もあろうし、また私自身もいささか抵抗を感じるのであるが、道を舞台とするという点で、一応この項で述べることとした。

瞽女を日本のミンストレル（巡歴楽人）と呼ぶ人もいる。手引きといって半盲の導きで、村から村へと瞽女宿を求めて、まるで雁が渡るようにうたい歩く、その姿はまさしく西欧のミンストレルに匹敵するというのである。

瞽女はその語感から、滅び行くものの哀れさも手伝って、ある種の哀感とともに詩情をもそそる。しかし、過去においては、必ずしもそうではなかった。明和二年（一七六五）に刊行された川柳『柳樽』に、

人をみなめくらにごぜの行水し

というのがある。風刺と諧ぎゃくに富んだ江戸時代の文人の目には、単なる哀れみと滑稽の対象としてしか瞽女の姿は映らなかったのであろう。だから享和二年（一八〇二）から文政五年（一八二二）の間に成った十返舎一九の『東海道中膝栗毛』の「宮の宿」の巻でも、弥次郎兵衛、喜多八が二人の瞽女と同宿し、夜更けに瞽女の部屋に忍び込み、「ぬす人よ、ぬす人よ、おやどのしゅ」とわめかれ、喜多八がおかしくて吹き出しながら作った狂歌に、

ごぜとのみおもひこみしは是はまた

瞽女の門付け

というのである。まさしく瞽女は、笑いの対象であった。こうした蔑みの傾向は、この後の近代文学にも継承された。ただ笑いが哀れみに変わっただけである。長塚節の『土』にも瞽女のことが記されているが、それにはただ薄汚いものとして扱われているのである。

中山太郎が「瞽女の地位」（『日本盲人史』収載）について一文を草している。それによれば、江戸期の賤民には、家筋によるものと職業によるものとの二種類あり、瞽女はその後者に属し、職業を廃せばすぐ良民となることができるとし、「この両者（座頭と瞽女）は賤民であっても、他の者と一列に取り扱っておらぬのであった」と結んでいるのである。

杉本キクイ七十三歳、昭和四十五年四月十七日、わが国の芸能の中で主流をなす語り物の芸脈を一種独特な調子と節回しをもつ「瞽女唄」をもって語り継いだことより、同じく刈羽郡刈羽村油田出身、埼玉県在住の伊平たけとともに国の無形文化財として選択される。この朗報をもたらしたのは、つい昨年のことである。長い間の辛苦がようやく報われたわけである。

かつて、駿河、江戸、甲府、諏訪、越後と広く瞽女屋敷をもち、諸大名の庇護のもとで活躍していた瞽女も、今や越後系の瞽女がわずかに残るだけとなった。杉本キクイは、この越後系の中でも、高田系の瞽女に属し、伊平たけは長岡系（柏崎組）瞽女に属している。越後にはこのほか、長岡系の瞽女が三島郡越路町に、また白根市及び北蒲原郡笹神村、新発田市周辺にも僅かにその芸脈が伝わっている。不幸にして、私は高田市の三人の瞽女にお逢いしただけで、他とは全く面識がない。ただ最近長岡の山本ゴイに関係あるという新津組の小林ハル（笹神村・現阿賀野市）、土田ミス（新発田市）の二人の瞽女の唄を録音で聴くことができたが、この二人の歌い口は、高田瞽女の唄とともにすばらしいものであった。

瞽女の門付け

かくて、越後には古来から二つの大きな瞽女の系譜がある。その一つは長岡瞽女で、『瞽女根元記』によれば、「関東から北越へかけて、多くの瞽女を支配していた越後長岡の瞽女頭は、領主牧野家に縁故ある者で（中略）山本ごいと称し、（中略）代々ごい女と名乗る制度とした」といわれ、その勢力は関東八州を支配したといわれるが、今のところ詳細は不明である。

越後におけるもう一つの系譜は高田瞽女で、高田市在住の瞽女研究家市川信次の調査によると、寛永年間（一六二四〜四三）越前から伝わったものといわれ、座元を中心に組、親方、弟子といった妙に古い「座」の制度に似た職業集団を形成しているところは、他地方の瞽女集団に見らないものがあるという。

ともあれ、こうした二つの瞽女の系譜が、ごく僅かではあるが、今日なお残っていたことは、まことに不思議であるといわざるを得ない。

十一、人形芝居

古代人は「物」にも霊魂があると信じていた。人形芝居の発生はここにある。人が人の形を作った最初の動機は呪術に用いるためであったという。人形（ヒトガタ）は人間の霊魂を入れる容器という発想で生まれた。死霊、生霊を問わず、人の霊魂を誘い込む模擬人間、それがヒトガタであると芸能研究家の永井衡吉もその著『日本の人形芝居』（錦正社）でも述べている。

この信仰と人形との結びつきをよく表しているものに「おしら様」がある。おしら様は、主として東北地方から関東にかけて行なわれた神遊びの一種で、「おひら遊び」ともいわれる。盲目の巫女、すなわち「イタコ」が、男女二体のおしら様をそれぞれ両手に持ち、本地を唱えながら、これを操るようにして遊ばせた後、その託宣を聞いたりする。それがおしら遊びである。ここで注目されるのはその遊び方である。胸元で左右の手のおしら様を行き交わせるという単純な所作であるが、布地に包まれた神体の下部を握る。その握り方に、近世人形芝居の「裾突込み」の原型が見られ、また竹本座の辰松八郎兵衛や手妻人形がよく用いる「二ッ遣い」の様式が見られるのである。

こうした信仰の中に生まれた人形も、やがて年を経るに従い、信仰から遊離し、人形自身が芸術をつくり出す、いわゆる人形芝居にまで発展していったのであるが、そのためには、語りの系譜である浄瑠璃との結びつきを忘れることができない。

語りは、わが国の歌謡の中における一主流で、この語りとの結びつきが、のちに日本芸能史の一時期を画す人形浄瑠璃を生み出したのである。

さて、本県の人形芝居といえば、誰でもすぐ思い起こすのは、佐渡の「文弥人形」と「のろま人形」であろう。この二つの人形芝居の名前は、少なくとも一度は耳にし、また見たことがあるという人が多いであろう。それに較べて、同じく佐渡に伝わる「説経人形」を知らないという人が多いのはどうしたことであろうか。まして魚沼地方の小千谷市を中心に、その周辺地域に点在する「巫女爺（メッコンジサ）」という人形芝居の存在さえ知らない人々が大部分であろう。そこで本稿では、佐渡の人形芝居のうち、説経人形から触れてみたいと思う。

たびたび引用するが、石井文海の筆になる天保年間の『相川年中行事絵巻』には、佐渡の人形芝居について、「五月　米馬人形」と題して珍しい記録を残している。いわく、五月十五日江戸沢と言ふ所　塩釜明神の祭に野呂間人形のあやつりあり　近松何がしの作れる浄瑠理をせっきゃうとか言うふしにて語る　いと鄙びたり

というのがそれで、塩釜神社の祭礼に説経節を地とした野呂間人形と称すあやつり人形が上演されたというのである。

石井文海が描いた絵が、のろま人形であったか、説経人形上演図であったか詳らかではないが、今日伝わる「のろま人形」から類推すると、多分説経人形であろうことはほぼ間違えなかろう。ともあれ、天保年間の佐渡人形芝居上演図として極めて貴重な資料であるとともに、この当時すでに説経節が佐渡に伝わった事を傍証する貴重な資料といえよう。

ところで、佐渡へは説経人形が果たしていつ頃伝わったものであろうか。現在、佐渡に唯一残る説経人形座である「広栄座」に伝わる口碑によれば、享保年間の中期、青木村（新穂村大字青木）の農家で、村の重立であった須田五郎左エ門という人が、親友で、互いに出世の功を競った隣村の潟上村の本間梅が沢という人（後に十代目左京清房、享保年間能楽中興の祖とも）が、加賀に渡り、能楽を極め、宝生流の太夫となり、故郷へ錦を飾ったのに発奮し、何かの太夫になろうと上京し、人形浄瑠璃を習得し、京人形の頭を持ち帰り、

「五郎左エ門人形」なる一座を興したのが始まりで、これがまた佐渡の人形芝居の草分けであるとも伝えている。

この伝説が、果たして真実であったかどうかは別の問題として、佐渡人形芝居が、享保年間（一七一六～三六）頃に始まったことは、現存する首（かしら）などから判断しても、まず妥当なところであろう。

私が初めて佐渡の説経人形を見たのは、かれこれ十年くらい前の昭和三十八、九年頃のことであろうか。新穂村で書店を営むかたわら説経人形座のお世話をしている仲野正二さんの好意によるものであった。

私はこの人形を見たとたん、何かどこかで一度見たことがあるのではないかという錯覚にとらわれた。それもそのはず、（といってもこれは後で気づいたことではあるが）『声曲類纂』に所載された角太夫芝居図に見られる舞台と全く共通するものであったからである。

声曲類纂は、この芝居図について、「此図ハ元禄三年七月開板の人倫訓蒙図彙七の巻の指画にして、山本土佐掾か芝居の図也。此頃、太夫出かたりなく人形も独つかひにして、足の付たる人形なし」とある。この舞台図が現在の佐渡説経人形と異なる点は、佐渡のように一人の太夫によるひき語りの形式をとらず、三味線は座頭、語りは手に扇子を持った太夫がこれに当たるといった、三味と語りが分業で行なわれた点であろう。それ以外は全く同じである。すなわち、今新穂村の広栄座に残る説経人形は、説経節を地とし、高幕（腰幕）様式の舞台、人形は裾突っ込みの一人遣い、しかも陰遣いである。

このことについては、『鄙の手振』で「庭前に仮屋だったものを造りて、外の方は半ばより下を物にてかくみたり」（舞台）、「手はありとしてもみえず、袖ふちたれ、（中略）太刀打ふり扇ならせるなども、其つかうものの物蔭にて、ひと形の袖に持ち添へながら、とさまかうさまになしぬ」（操法）とその見聞を記録している。まさしく『人倫訓蒙図彙』に見られるそれではなかろうか。

広栄座に残る高幕は、四尺五寸、横幅三間。紺地に「竹藪の虎、瓜生屋有志、進上、広栄座」の文字を配している。藪に虎の図柄は、寛文（一六六一～七三）の『京雀』にある虎屋喜太夫芝居の櫓幕の伝統を引くものでもあろうか。

ところで、虎屋喜太夫といえば、『声曲類纂』巻之二の「京天下上総少掾藤原正信」の項に、「江戸大菩薩摩源太夫の門人にして、始次郎兵エ、また虎屋喜太夫といふ。明暦三年上京して四条に芝居興行す」とある。もし佐渡の説経人形がこの系譜に属すとすれば、かなり興味深い結果を生むことであろう。

佐後の新穂村瓜生屋の広栄座には、説経人形のほかにもう一つの人形芝居がある。いわく「のろま人形」というのがそれで、説経人形の間狂言を勤めている。

かつて、といっても昭和二十年代頃までは、こののろま人形を一般の人々も研究者も、同じく佐渡に伝わる「文弥人形」の間狂言と認識していたらしく、佐渡でしばらく教員をしていた民俗研究家の青木重孝もその論文「のろまの位置」(雑誌『佐渡』所収)の中で「文弥人形におけるノロマは、能楽における狂言に対比して、理解されるべきであろう」としているし、第一、新潟県文化財指定の場合でさえ、「文弥人形、のろま人形」と

文弥人形

し、説経人形には触れていない。これは説経人形の芸能史的価値が低いためではなく、はからずも青木氏が（この愛すべき人形芝居「ひなの手振り」などにみられる佐渡に土着した人形を指す）を人形芝居と呼んだのは、ついこの頃のことらしいが、その昔は、ノロマ人形と、かなりの期間よばれた。それには理由があった。「昼五段、夜三段の人形が演ぜられのが定法で、その中間に、ノロマが一段さしはさまれる。これが人形芝居においてそれとは別種のノロマが占める位置であった」としているように、佐渡における人形芝居が、ある時点、すなわち説経節を地とする説経人形と、文弥節を地とする文弥人形との間に混乱が生じたためで、文弥人形が隆盛をきわめた明治末年近くでは、説経人形の存在すら忘れさられたためであろう。またそれはそれなりに、一般観客には、どうでもよいことであったのかも知れない。観客にとってはむしろ演ぜられる人形浄瑠璃の間狂言としてのろま人形の出演がなければ満足しなかったと単純に考えれば、このなぞは解けそうである。

私は何度か広栄座の演ずるのろま人形を見た。この人形の操法を見ていると、これは高幕でなければ演じられない芸であると考えるようになった。それというのも、こののろま人形には、文弥人形のような難しい遣い方もなく、その動作も極めて単純で直截的、しかも高幕を利用しての所作が随所に見られるのである。

のろま人形が、いつ佐渡へ渡ったか。またどういう契機で説経人形に結びつくようになったかは皆目見当がつかない。ただ佐渡ののろま人形の一つに「木之助人形」という人形芝居がある。その主役はうすのろの木之助。それが演ずるところから起こった呼称である。

このろま人形、文政十三年刊の『嬉遊笑覧』によると、「のろまは、江戸和泉太夫芝居に野良松兵エといふ者、頭ひらく色青黒きいやしげなる人形をつかふ、野良松の略語なり。又謙斎左兵エは、かしこき人形つかひ、相共に賢愚の体を狂言せしなり。それより鈍きもののろまといへり。其の後そろまむきまなどいふもの出来たりと世事談にいへり。竹豊故事に野呂松を祖として、京大坂の操芝居に鹿呂間そろ七麦間など名を付け道外たる詞色をなし。浄るり段物の間の狂言をなしたり。近来はかやうなることは捨り知れる人も稀になりたり、又按るに西鶴が諸艶大鑑に越後町揚屋のことをいふ処、外記が平安城の道行かたればおやま甚左エ門が仕出し人形あそろま七郎兵エが二王のまねなどみゆ、さて野呂松は氏にはあらず、のろまは鈍きをいふ。そのかみの俗語にて愚かなる人形の名に呼しことしるし、其の他の人形の名を見て思ふべし。（後略）」とある。

今、佐渡に伝わるのろま人形は、この嬉遊笑覧の記事そっくりで、早稲田大学教授郡司

説経人形

のろま人形

正勝氏のことばを借りるまでもなく、恐らくのろま人形の伝統を継ぐ唯一のものであろう。

私もこれまで何度となくこの広栄座ののろま人形を拝見した。「生き地蔵」にしても、「馬駄賃」にしても、それが佐渡方言で語られるところに興趣を覚えると同時に、最後に決まって木之助が裸にされる場面がある。享保十年刊「軽口臍(へそ)おどり」の野呂間記事に「親に勘当しられ、丸はだかに成り、楽屋にはいりました」とあることと考えあわせると誠に興味深いものがあるような気がする。

ともあれ、佐渡ののろま人形については、『天保年間相川十二ヶ月』の「野呂間人形のあやつり、近松何がしの作れる浄瑠璃云々」の記事をもとに、さらに検討する余地があるのではなかろうか。

文弥人形は、岡本文弥の流れを汲む文弥節を地に、一人遣いの人形芝居である。私もこれまで佐渡で何度か拝見してはいたが、これを直に調査したのは、埼玉県浦和市の埼玉会館で開催される関東ブロック一都十県民俗芸能大会への出演が決まった昭和四十六年のことである。その時のパンフレットに次のような解説文を書いた。

佐渡に伝わる文弥人形の歴史は、必ずしも古いとはいえない。現存する八座の人形座のうち、説経人形・のろま人形を伝える広栄座を除き、他はすべて文弥人形を呼称し、佐渡人形芝居の主流をなしているが、いわゆる文弥節と称する語りと人形との結びつきは、幕末維新頃といわれる。それまで、佐渡の文弥は、盲人の炉辺の語り物であり、人形の地ではなかった。それが明治の初期、全国的な人形芝居復興の機運を受け、説経人形で用いた高幕舞台の腰幕を三尺五寸に縮め、上部に一文字を吊るし、奥行を二重に作って襖や遠見の画を配し、両袖に見切り幕、三尺ぐらいの本手を構え、その上

文弥人形

下を幕で囲うといった、いわゆる二重舞台に改造したものである。文弥人形を別名「上段人形」、もしくは「御殿人形」と呼ぶのは、この二重構造舞台を、上段または御殿と呼ぶからである。そしてこの舞台の変化は、人形の機構、操法をも一変させた。

佐渡に伝わる人形首は、従来固定直立の首であったが、これにウナヅキと曲をつけ、裾突っ込みから背中突っ込みの立ち遣いに変え、右手を人形の袖から入れてあやつる操作とした。一人遣いではあるが、三人遣いの様式を取り入れたのである。ともあれ、舞台、操法の改良は、語りにも及んだ。長い間盲人によって墨守されてきた語りが、目明きに解放され、ここに人形との結びつきが生れた。このように新しさを売り物とした趣向は受けないはずもなく、その全盛期には四十座を越す盛況さであったという。しかし、時代とともに文弥人形座の衰退の一途をたどり、今日ではわずか七座となり、単独では上演出来ないまでに追いやられてしまった。演目には「源氏烏帽子折」「国姓爺合戦」「太田合戦」等数多くのものを伝えているが、今回はその中から「百日曽我」の仇討ちの場を上演することとする。

というのがそれで、改良されたとはいえ、比較的素朴な人形の操法もさることながら、俗に「なき節」とも称される、佐渡文弥節特有の哀調帯びた語り口は、珍しさも手伝ってか大変な喝采を博したのである。

この項を終わるにあたり、佐渡文弥人形の最後の名人といわれた語りの北村宗演と人形遣いの浜田守太郎を紹介しておこう。

北村宗演は明治三十四年、佐渡郡相川町矢柄に生まれ、幼少の頃両親を失い、十九歳の時、新穂村潟上の池田宗玄に文弥節を習う。また宗演より二つ年下の浜田守太郎も同じく矢柄に生れる。当時この地方は非常に人形芝居の盛んなところであったとみえ、文弥語りとしては時の名人といわれた中川閑楽太夫もやはりこの地の出身であった。

なお、宗演の語りはとりわけ役節の正確さ

佐後人形芝居　北村宗演と浜田守太郎

とバチさばきの見事さにあり、しかも古い文弥節の姿を伝えている点で著名であったという。これを浜田守太郎は「宗演の語りは、いつでも、どこでも代わりがありません。だからヒノキ舞台へ出すのに安心出来ます。」と言わしめているし、また浜田守太朗の人形遣いの手は、例えば薙刀を扱うにも太夫の三味に合わせてピタッと止めて余韻を残すという遣い方であるという。その芸の深さを評し、今佐渡の文弥人形の三番叟を遣えるのは、この人をおいてはない。」と言わしめていたのである。

あとがき

本書は、昭和四十二年七月から昭和四十七年三月までの『新潟県公民館月報』に連載した新潟県の「民俗芸能見聞記」をもとに、二三の項目を加筆してまとめたもので、いわば私の若かりし日のモニューメントであり、本県の民俗芸能を理解していただくための解説文として連載したものである。したがって紙幅の都合で内容に粗密があったり、また掲載しきれなかったものも多々あるが、このたび、新潟考古堂書店・柳本雄司会長の薦めにより、あえてここに公刊することとした。

思えば、新潟県は民俗芸能の宝庫である。ここには掲載できなかったが『神楽』一つをとっても、その伝承は多種多様で、しかも県内各地に広く分布しているし、『盆踊り』にいたっては枚挙に暇（いとま）がないくらい広く歌い・踊り継がれている。これらについては何れ機会を見て公刊したいと思う。

なお、本書を編集していた令和四年（二〇二二）十一月三十日、日本が提案していた『風流踊り』がユネスコの無形文化遺産として登録されることとなり、本書の冒頭に紹介した国の無形民俗文化財の「綾子舞」（柏崎市）が同魚沼市の「大の阪」とともに登録された。まことに喜ばしいことであり、また誇らしいことでもあるので、ここに付記しておく。

　願わくは、本書がこれからの若い愛好者たちへの啓蒙と研究への一助となれば幸いである。

著者略歴

近藤　忠造（こんどう　ちゅうぞう）

昭和５年、新潟県刈羽郡刈羽村に生まれる。

昭和31年、新潟大学人文学部国文学科卒業。新潟県立津川高等学校を振り出しに県内各地の高等学校に勤務。この間二度にわたり県教育委員会へ出向。延べ17年間県文化財保護行政に携わる。平成３年、新潟県立荒川高等学校校長を最後に退職。次いで平成５年から同16年までの11年間栃尾市美術館館長を務める。

他に新潟県文化財保護審議会、新潟市文化財保護審議会の委員及び会長。財団法人美術育成財団雪梁舎役員など、また新潟県人文研究会代表、日本歌謡学会理事、民俗芸能学会評議員なども務める。

現在は、新潟県民俗学会理事及び新潟県文化財保護連盟副会長。

主な著書に『祭礼行事・新潟県』（桜楓社）、『新潟県民謡紀行』（野島出版社）など、執筆協力に『日本民謡全集・関東中部編』（雄山閣）、『日本民謡大辞典』（雄山閣）などがある。

新潟県民俗芸能見聞記

2023年７月20日発行

著　者　近藤　忠造
発行者　柳本　和貴
発行所　株式会社　考古堂書店
〒951-8063　新潟市中央区古町通４－563
電 話　025-229-4058
FAX　025-224-8654
印刷所　株式会社ウィザップ

ISBN 978-4-87499-007-0 C0076